品牌团建

中国空间技术研究院
团建创新案例集

赵小津◎主编

中国宇航出版社
·北京·

图书在版编目（CIP）数据

品牌团建：中国空间技术研究院团建创新案例集 / 赵小津主编. -- 北京：中国宇航出版社，2020.3

ISBN 978-7-5159-1758-0

Ⅰ. ①品… Ⅱ. ①赵… Ⅲ. ①中国共产主义青年团－空间科学－研究院－共青团工作－案例－汇编 Ⅳ. ①D297.9

中国版本图书馆 CIP 数据核字(2020)第 033756 号

责任编辑　马　喆
责任校对　刘　凯　　**装帧设计**　李彦生

出版发行　中国宇航出版社

社　址　北京市阜成路 8 号　**邮　编**　100830
(010)60286808　(010)68768548

网　址　www.caphbook.com

经　销　新华书店

发行部　(010)60286888　(010)68371900
(010)60286887　(010)60286804(传真)

零售店　读者服务部
(010)68371105

承　印　三河市君旺印务有限公司

版　次　2020 年 3 月第 1 版
2020 年 3 月第 1 次印刷

规　格　710×1000

开　本　1/16

印　张　18.75

字　数　277 千字

书　号　ISBN 978-7-5159-1758-0

定　价　68.00 元

《品牌团建——中国空间技术研究院团建创新案例集》

编 委 会

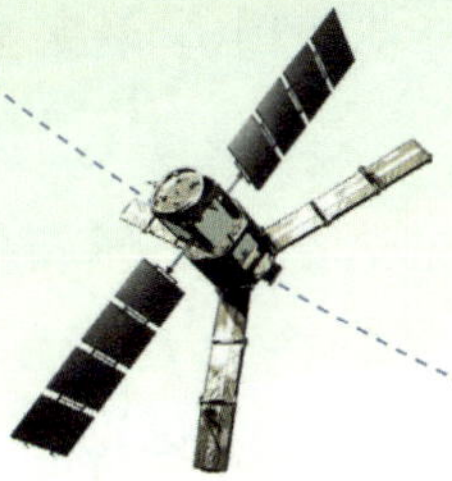

序 言

党的十八大以来，以习近平同志为核心的党中央从党的事业薪火相传、后继有人的战略高度出发，重视、关心青年工作，召开了党的历史上第一次中央党的群团工作会议，制定了新中国历史上第一个青年发展规划，为共青团组织做好新时代共青团工作提供了强大思想武器与科学行动指南。

中央党的群团工作会议明确要求共青团工作要坚持与时俱进、改革创新；习近平总书记在纪念五四运动100周年大会的重要讲话中对共青团组织不断创新工作思路提出了新的要求；团十八大要求各级团组织持续调动基层团干部的积极性、主动性、创造性，进一步创新组织方式和活动方式。共青团作为党的助手和后备军，必须牢牢把握住时代脉搏，适应社会发展变化，尊重基层首创精神，不断推进共青团工作理论创新、实践创新、制度创新，与党和国家事业同呼吸、共前进。

截至2019年底，中国航天科技集团有限公司第五研究院（以下简称“五院”）下属有基层团委22个，团支部253个，团员青年3100余人。党的十八大以来，五院党委始终坚持“党管青年”重要原则，指导五院团委带领全院各级团组织秉持“融入中心、服务大局”工作宗旨，全面落实青年思想凝聚、事业凝聚、温暖凝聚、组织凝聚、队伍凝聚“五项凝聚”工程，在助力青年成长成才、凝聚青年建功立业上主动作为、成效显著。五院在共青团系统先后荣获“全国五四红旗团委”“全国青年文明号”“全国青年安全生产示范岗”等各级荣誉200余项。

近五年来，五院各级团组织在院党委的关怀指导下和院团委的带领下，以品牌建设为抓手，紧密围绕科研生产和改革发展中心任务，以“融入中心、助力核心、走进内心、品牌长新”为标准，深入开展“团·品”实践创新品牌项目申报评选活动，培育出了一大批具有较好创造性、长效性和推广性的团建工作品牌，有力激发了各级团组织细胞活力，为各项中心任务的圆满完成注入了强劲动力。为系统总结共青团工作品牌建设的好经验、好做法，把握新时代基层团建规律，特将五院团建品牌优秀案例汇编成册，呈现给大家，以期达到分享经验、共同提高的目的。本书从“誓夺成功、岗位建功”“引航青春、助力成才”“创新创效、助推发展”“志愿服务、保障中心”四方面收录了五院各级团组织品牌建设案例36项，对新形势下不断探索共青团工作创新规律，全面提升院共青团工作质量具有良好的促进作用。

进入新时代，五院肩负的富国强军使命更加艰巨，承担的强军兴军任务更加紧迫，希望五院各级团组织高举习近平新时代中国特色社会主义思想伟大旗帜，深入贯彻落实习近平总书记关于共青团青年工作的重要思想，坚持政治建团、思想立团、固本兴团、改革强团、从严治团，不断增强团组织的政治性、先进性、群众性，团结带领广大团员青年凝心聚力、砥砺前行，为推动院建设世界一流宇航企业、支撑航天强国建设、实现中华民族伟大复兴的中国梦贡献青春智慧和力量！

趙小津

目 录

第一篇 誓夺成功、岗位建功

第二篇 引航青春、助力成才

第三篇 创新创效、助推发展

第四篇 志愿服务、保障中心

第一篇

暂夺成功、岗位建功

团的十八大报告指出，共青团要坚持把围绕中心、服务大局作为工作主线。要找准服务大局的切入点、结合点、着力点，发挥青年新时代生力军的作用。五院团委坚持“融入中心、服务大局”，将共青团工作与型号发射任务相结合，紧密围绕中心任务和改革发展实际，着力引领团员青年在中国空间事业的广阔舞台上建功立业，开展了一系列有仪式感、有内容、有成效的青年主题活动，探索形成了青年“前后方联动保成功”的工作模式，为五院各项中心任务的圆满完成作出了积极贡献。

“成长力银行”，团干部的加油站

◎ 五院团委

团·聚星火

团的干部是共青团和青年工作的骨干，从严治团必须从团干部抓起。为贯彻落实习近平总书记对团干部提出的“坚定理想信念、心系广大青年、提高工作能力、锤炼优良作风”的重要要求，大力加强团干部队伍建设，充分激发五院600余名专兼职团干部的积极性和创造性，全面提升共青团和青年工作水平，带领广大青年投身院改革发展各项事业，汇聚推动世界一流宇航企业建设的强大正能量，五院团委在专兼职团干部中实施了五院“团干部成长力银行计划”。

五院“团干部成长力银行计划”将经济学概念引入“团干部工作全生命周期”，借鉴银行运行模式，建立科学系统、公正客观的团干部“考核、管理、激励、提升”四位一体的功能体系，使团干部在“存入成长力和贡献力足迹”的基础上，通过院团委（总行）、部所公司团委（分行）和团支部（支行）充分发挥组织管理和资源整合优势，给团干部“成长力倍增和贡献力回馈”的可能，实现团干部队伍“成长有方向、工作有干劲、能力有提升、贡献有回馈”，达到“优选、优培、优用、优出”的目标，以团干部队伍能力和素养的持续提升夯实团组织建设、全面增强共青团和青年工作的吸引力和凝聚力，最大限度地激发广大团员青年的干事创业热情。

团·踏征途

五院团干部成长力银行分总行、分行、支行三级管理，在团干部工作全生命周期中发挥银行“存取、借贷、进阶、评估”功能。总行为五院团委，分行为院属各单位团委（团总支），支行为各基层团支部，各级团组织负责人为本级团干部成长力银行的行长，对银行各项运行事宜负责，分行可根据本单位实际情况决定是否设立支行。

五院团干部成长力银行管理系统–首页

团干部成长力银行设成长币和银行币，成长币用于总行内部或各分行（支行）内部的流通，银行币用于总行与分行间，以及分行（支行）间的流通。成长币赋予团干部的“成长力和贡献力足迹”与银行提供的“贡献力回馈”项目以价格形态，是团干部在成长力银行中实现“提取、借贷、进阶”的重要依据。存入功能使成长币量值增加，提取和借贷功能使成长币量值减少。成长币总额（不受提取和借贷功能花费成长币的影响）是团干部工作质量和成效的重要体现；成长币净额（受提取和借贷功能花费成长币的影响）是团干部“购买能力”的重要体现。进阶功能的实现和部分“贡献力回馈”项目获取（如评优、获得专家或领导的工作指导等）的重要依据即是看存入功能中成长币总额的多少，其他“贡献力回馈”项目获取的重要依据是存取功能中成长币净额的多少。银行币赋予各分行（支行）运行体系考评结果与银行提供的部分可供交流共享的“贡献力回馈”项目以价格形态，是“贡献力回馈”项目存储准备金、分行间同业拆借等资源共享业务，以及分行进阶功能实现的重要依据，为银行间彼此交流资源等提供了媒介。总行对各分行运行体系的考评结果作为分行银行币的存入值，可用于购买其他分行的部分“贡献力回馈”项目，银行币总额作为各分行评优的重要依据（只受运行体系考评结果的影响，不受购买支付功能中银行币增多与减少的影响）。

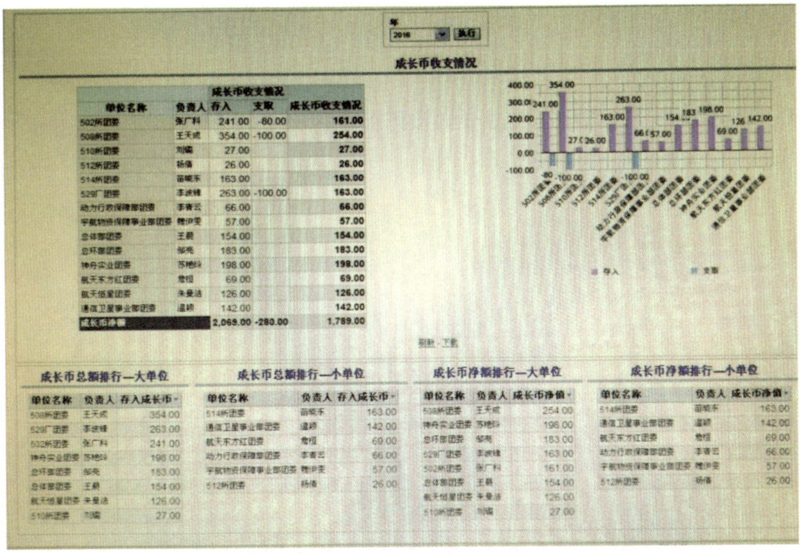

五院团干部成长力银行 2016 年成长币收支情况

“存取、借贷、进阶、评估”体系由存入功能、提取功能、借贷功能、进阶功能和评估功能五部分组成，其中，存入功能为整个体系提供了事实依据和基础，评估功能将目标客户存入的“共青团工作成长力和贡献力足迹”转换为“成长币”，可以为目标客户提供提取、借贷、进阶等“成长力倍增和贡献力回馈”的专属服务，并进一步激励目标客户提升存入内容的数量和质量，由此形成了整个体系的良性循环。

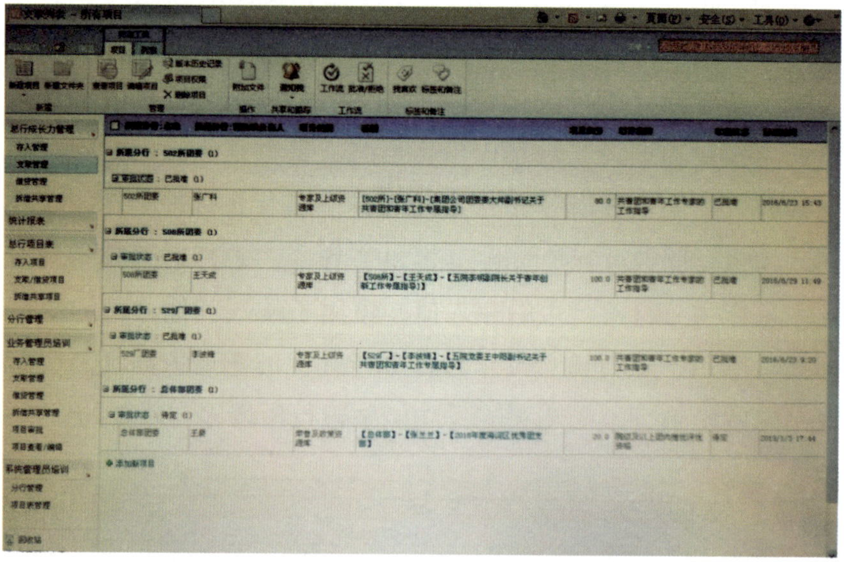

五院团干部成长力银行管理系统-支取管理

五院团干部成长力银行导师勋章

团·拾趣闻

航天恒星导航事业部团支部以服务青年、培养青年为出发点，团支部书记郭楠以“筑梦青春、同力圆梦”为工作目标，在五院团干部成长力银行平台的帮助下，扩展工作思路、创新工作方式，带领支委开展多样化的支部工作，打造了一支卓越的青年员工队伍，在公司转型发展中创造了良好业绩，为部门经济效益的不断攀升作出突出贡献。

为进一步提升青年创新意识、激发创业活力、增强文化认同感，郭楠充分利用成长力银行的积分制模式，通过换积分，不断拓展团支部资源，组织青年参与各类文体活动、交流活动，通过存积分，做到支部活动量化、效果可追溯，实现团建工作常态化、系列化、体系化；同时该团支部还借鉴成长力银行平台中品牌建设多样性的开展方式，组织支部开展初心“创”未来团品活动，打造合伙人模式下的创业小分队，以团队带项目、带产品、拓市场、钻技术、搞创新。通过郭楠的努力和成长力银行平台的帮助，导航团支部先后荣获集团公司“五四红旗团支部”、五院“青年文明号”等荣誉称号，郭楠本人也荣获五院“优秀共青团干部”称号。

依托成长力银行平台，导航事业部团支部书记郭楠通过组织管控、积分管理、交流共享等方式，建立健全本支部的团支部活动台账，同时以积分考核支部青年，引入竞争激励机制，使青年始终保持积极向上、奋勇争先的精神风貌，进一步提升了团支部组织协同能力、提高了团干部创业动力、激发了青年创效活力。

团·传捷报

作为五院团委“队伍凝聚”工程的重要组成部分，“团干部成长力银行计划”自2015年推行实施以来，取得了良好的成效。

一是成长力银行正式上线，操作流程方便简单。2015年，五院团委与院信息中心合作，在院内部官网首页“综合管理”模块中创建了五院团干部成长力银行管理系统。该系统分为“总行成长力管理、统计报表、总行项目表、分行管理、业务管理员培训、系统管理员培训”六大模块。在该系统上，各三级单位可以通过分行管理模块在线实时录入“存入项目”“支出项目”和“接待项目”。总行可以通过“总行成长力管理模块”在线实时审批相关流程，保证业务的及时处理。五院团干部成长力银行管理系统的建立，使该团·品项目完全实现信息化、实时化、互动化，有效地简化了该项目的操作流程，提高了该项目的运行效率。

二是支取系统形成闭环，激励作用充分体现。通过四年的实践，五院团委下属各分行一共存入 10486 分，这表示成长力银行在各基层团组织中得到了有效运用，也彰显了各团组织蓬勃的生命力。除此之外，多家单位也对积分进行了支取。其中 502 所等单位通过支取积分获得了总行“专家和上级资源库”中“共青团和青年工作的专家指导”；总体部等单位获得了“荣誉及政策资源库”中“院级及以上团内推优评优资格”，真正实现了团干部队伍“成长有方向、工作有干劲、能力有提升、贡献有回馈”的目标。

团·品真谛

科学的管理机制保证了创新的系统良好运行。为了保证“成长力银行计划”能够充分发挥“考核·管理·激励·提升”的功能，院团委特建立了团干部成长力银行管控体系。

一是成长币价值浮动机制，确保团干部回馈有价值。帮助保持银行实现供求基本平衡，确保持续、稳定、协调发展，包括成长币价值浮动和“贡献力回馈”项目规模调节两种方式。根据实际情况，成长币价值浮动政策一般于团委负责人季度例会上集中讨论，如遇特殊情况可以召集临时会议或以其他方式讨论和表决。

二是银行间资源共享机制，确保团干部回馈可互通。旨在实现各分行间优势互补、项目流动、资源共享，包括各分行（支行）“贡献力回馈”项目存储准备金和分行（支行）间同业拆借两种方式。总行根据各分行实际情况，经与各分行商议，统筹分配各分行“贡献力回馈”项目存储准备金额度。分行（支行）间同业拆借由各分行（支行）间协商进行。

三是分行运行体系考核机制，确保团干部回馈有依据。考核分为年初审核及签订分行长责任书、年中实施、年底自评和分行长述职三个阶段。评估等级分为优秀、良好、达标、不达标四级，并按具体评分结果换算成相应的银行币和成长币。考评结果将作为团干部成长力银行“旗舰店”评选和分行长年度考核评定的重要依据。

四是良好的监管机制，确保团干部回馈更公平。总行每年向院党委和集团团委汇报体系运行情况，每季度向政工部领导汇报体系运行情况，并接受团干部成长力银行联席会及全院广大团员青年的监督。各分行按时按规向同级党委和院团委（总行）报送季度和年度报表，定期汇报体系运行情况，并接受广大团员青年的监督。

“一线团青争先工程”保型号任务圆满成功

◎ 五院团委

团·聚星火

党的十八大以来，五院每年承担的型号发射任务数量逐年增加。2018 年，五院承担着 44 星的型号发射任务，任务数量再创历史新高。

为了打赢全年型号任务攻坚战，确保型号任务圆满成功，五院团委准确找到青年工作与中心工作深入融合的切入点和着力点，紧紧围绕中心任务和改革发展实际，着眼实现确保全年型号任务圆满成功、助推院快速健康发展的核心目标。五院团委以“融入中心有举措，服务大局有作为”为宗旨，将共青团青年工作与型号发射任务相结合，达到了确保成功、助力发展、筑牢基石的效果，使青年工作与中心工作有机融合，促进团的工作更加符合集团公司当前形势任务的需求、符合本单位改革发展的需要，确保了全年型号发射任务圆满成功，让团徽在使命中绽放光芒。

五院团委将共青团工作与发射型号相结合，实施“一线团青争先工程”，全力确保型号成功。针对发射型号数量多、影响大、责任重、要求高等特点，在前方开展青年突击队主题竞赛活动，在后方开展“传递温暖、亲如一家”大型试验青年志愿服务活动。

团·踏征途

在全部发射型号中成立临时团支部，开展青年突击队主题竞赛活动，确保团组织作用在发射场充分发挥。青年突击队由参加发射任务的全体35周岁以下青年组成，在试验队临时党委领导下和政工组指导下开展活动，关系隶属于试验队政工组。进场前，院团委为试验队政工组进行培训，试验队政工组在充分征求型号“两总”、试验队临时党委、各有关单位团组织意见后，提出青年突击队组建方案；在进场动员会上宣读青年突击队成立决定，宣贯主题竞赛活动有关要求，试验队领导向青年突击队授旗。试验期间，根据发射场工作实际情况，青年突击队要适时组织召开青年突击队和全体团员大会，明确职责和要求，总结阶段性工作，布置后续工作等。任务结束前，试验队临时党委按照不超过总人数10%的比例，对本型号试验队“青年突击能手”进行表彰。试验任务完成后，各试验队推荐院级“青年突击能手”，并将全部过程性记录上报院团委备案，在全年型号发射任务完成后，对院级“青年突击能手”进行表彰。

试验队领导向青年突击队授旗

青年突击队特色文化活动

针对前后方需求，五院团委开展“传递温暖，亲如一家”青年志愿服务活动，为赴靶场执行发射任务或参加重大试验任务的职工办实事、解难事，使其无劳心之事、无后顾之忧，全身心地投入型号任务，形成全院广大青年互帮互助、亲如一家的良好氛围，全力助推型号发射任务圆满成功。型号进场前，由各单位团组织牵头成立“青年志愿服务小分队”，与试验队员充分沟通，填写“爱心服务需求卡”，了解试验队员的思想状况和实际困难，并制定爱心服务方案。对于需要沟通交流的思想问题，在试验队员进场前解决；对于可以通过一定人力、物力

青年突击队出征仪式

解决的问题，按照方案有序实施；对于暂时不能够解决的问题，报厂所党委和院团委进行进一步商议。在院团委的组织下，开展了“双城爱传递”“我们与试验队在一起”前后方视频直播平台、“云中锦”书信传情、宝贝生日计划、太空菜园亲子、“心暖航天城、心暖新航天”等特色活动。

“双城爱传递”之宝贝生日计划

团·拾趣闻

小张是五院的一名青年职工，同时也是一名新晋奶爸。年前，他的爱人给他“添了”一件“小棉袄”，女儿冰雪可爱，每日下班后和宝宝玩耍成为了他生活中最快乐的时光。还有不到一个月，小张的女儿就要满一周岁了，他本来想陪女儿一起庆祝她人生中的第一个生日，但不凑巧的是，作为某重大型号的主管设计师，他参与的型号任务也即将收官，小张将随着试验队奔赴千里之外的基地为发射做准备。虽然万分不舍，但为了工作，小张还是毅然决然收拾好行囊，挥别了宝贝。基地的生活忙碌而紧张，每天下班都很晚，小张连着好些天和家里联系时女儿都已入睡，眼看着女儿的生日就要到了，连和女儿在视频里见一面都很困难，小张的心里既难过又愧疚。试验队临时团支部书记察觉到了小张的低落心情，在了解到他的情况后与单位团委进行了沟通。单位团委迅速开展行动，组织同事们为小张的女儿举办了一个小型的庆生会，基地的团支部也特意为小张提供了一个场地，让小张可以通过视频与女儿一起过生日。看到女儿幸福的笑脸，远在千里之外的小张也感到非常幸福。不久之后，小张参与的型号任务圆满成功，返程的路上他动情地对同事说，感谢组织对他的关怀，让他既可以做一个优秀的航天人，也可以做一个合格的父亲。

团·传捷报

实施“一线团青争先工程”以来，五院团委在前方开展青年突击队主题竞赛活动，在后方开展“传递温暖、亲如一家”大型试验青年志愿服务活动。通过开展青年突击队主题竞赛活动，青年突击队员在工作中时刻做到标准更高、要求更严、操作更细，以首飞的标准、首战的要求对待每一项工作，按一个按钮、拔一个插头、接一根电缆都一丝不苟、毫无差错，确保工作“一次做对、一次做好”。在试验队进场和撤离时，在装卸车任务中发挥主力作用；根据调度组安排，承担电测、加注和发射准备期间的加班、值班工作；在急、难、险、阻情况下，服从试验队指挥，进行抢险、突击工作，全力以赴保成功。青年突击队员以自身一系列优秀的表现获得了试验队两总系统的高度认可，团员青年积极响应，真正做到了团徽在胸前闪耀，青春在型号中闪光。五院团委在每年的型号动员大会上都会以院党委发文的形式，对上一年度全部发射型号中涌现出的院级“青年突击能手”进行表彰。近五年，共有近 400 名青年获得该项荣誉，对青年突击队起到了巨大的激励作用。五院团委通过在后方开展“传递温暖、亲如一家”大型试验青年志愿服务活动，为远在千里之外的试验队员解决后顾之忧，使队员们以良好的状态，投入到中心任务中去，构筑起青年全员保成功的强大合力。

2017 年院级“青年突击能手”表彰

团·品真谛

一是紧扣中心工作开展特色主题活动。有仪式感、有内容的、有成效的青年主题活动是确保共青团青年工作深度融入中心的重要保证。五院团委为丰富固化“青年突击队”主题竞赛活动，将内容确定为以“传承文化、吃透技术、勇挑重担”为核心的“三+X”青年特色主题活动。其中，“三”指特色主题活动：至少开展一次航天文化教育活动，至少举办一次技术或质量专题研讨活动，至少进行一次急难险阻情况的预想预判或攻关突击活动；“X”指高质量完成试验队各日常工作，在装卸车、加班值班、急难险阻任务抢险突击、青年志愿服务活动等方面发挥作用。这些活动一方面有利于引导青年牢固树立热爱祖国、为国争光的坚定信念和勇于攀登、敢于超越的进取意识，自觉养成科学求实、严肃认真的工作作风和同舟共济、团结协作的大局观念；另一方面有利于帮助青年学习专业知识、提升专业技能，更好地服务于中心科研生产工作，全方位多维度促进青年成长成才。

二是结合实际需求开展暖心帮助服务。为青年办实事、解难事是共青团组织服务青年的重要内容。为解决远在千里之外的试验队员的后顾之忧，使队员们以良好的状态投入到中心任务中去，构筑起青年全员保成功的强大合力，五院团委组织开展了“传递温暖、亲如一家”青年志愿服务活动。这些志愿服务秉持着“以人为本”的理念，坚持以青年的切实需求为抓手，以帮助青年为宗旨，以服务中心为目标，坚持“试验队青年的事，就是单位的事”，急青年之所急，想青年之所想，全心全意为青年解决各种实际问题，以“软关怀”取得了“硬成绩”。

未来，五院团委会持续开展并不断丰富“一线团青争先工程”，让该工程成为五院各级团组织融入中心、服务大局的品牌活动，进一步团结凝聚青年建功新时代，为建设世界一流宇航企业，圆满完成“十三五”任务贡献青春智慧和力量。

“院领导与青年面对面”让互动沟通零距离

◎ 五院团委

团·聚星火

共青团组织是党联系青年群众的桥梁和纽带。习近平总书记多次关心青年工作，提出了具体的要求，强调各级党团组织要“经常到青年中去，同青年零距离接触、面对面交流，了解他们的思想动态、价值取向、行为方式、生活方式”。同时，党的十九大以来，航天强国建设进入新时代，五院青年已经成为了院各条战线上的主力军，只有真正了解广大青年的所思所想，做青年的知心人和贴心人，切实为青年成长解决难题，为青年发展铺好路、搭好桥，才能更好地引领青年明确自身肩负的富国强军使命，使他们全力投身到航天强国建设的新征程中。

为此，五院团委坚持连续 4 年举办院领导与青年面对面活动，不断畅通院领导与广大青年的交流沟通渠道，深入了解青年所思所想所盼，把集团公司第七次工作会精神和院战管会的决策部署传达给青年，凝聚起了五院青年的青春奋斗智慧与力量。2018 年，五院团委举办“共青春·畅谈此刻·院领导与青年面对面”活动。此活动一改传统座谈会形式，通过发布青年调研报告谈思考、院领导与青年面对面融心声、专题交流研讨聚共识的鲜活方式，搭建起院领导与广大青年“思想碰撞、经验交融、精神共鸣”的桥梁，实现青年所思所想所盼呈现全方位、院领导与青年互动沟通零距离。

团·踏征途

本届座谈会分为青春特派员做调查展示、青年与领导问答交流和领导总结致辞等多个环节。活动一开始，三组青春特派员就分别以“我们90后都是CEO”“型号成功与人生成功”“航天强国”为主题，依次进行了精彩的展示。每组展示分为两个部分：首先是时代词条解析和特派报告发布，每组组长先根据青年思想状况专题调研情况进行讲述；随后青春特派员根据主题，结合自己的观点与见解进行发言。长桌围坐，心话敞开，“我们是唯知跃进、唯知雄飞的航天青年”“生而为人，再拼尽全力也不为过”“时代的考题已经给出，我们的答卷正在进行”，院青春特派员们风趣幽默、妙语连珠。

青年特派员发言

三组青春特派员展示后是青年提问环节。在活动开始前，五院团委通过“五院青年之声”微信公众号征集了青年普遍关注的问题，在现场进行了提问。“青年应当如何规划职业生涯，保持积极向上的精神状态与奋斗恒心”“院里可否采取团购住房等办法帮助青年解决住房困难”“当代 80 后、90 后青年还有没有像当时 60 后、70 后那样的飞速发展的机会”，现场参与青年的提问紧扣主题，直指疑惑。

“归属感、成就感、幸福感，是人生的三原色，要像跳舞一样享受与事业共舞的人生奋斗过程。”“未来五年，已经确定的国家重大专项很多，广大青年的职业发展机会浪潮已经来了，只要坚持，就一定会有收获。”“对于五院的青年来说，型号成功和人生成功是统一的，大家要不断提升能力、涵养情怀，在交流中收获、在实践中摸索，寻求工作和生活双丰收的平衡点。”“在新时代，要持续成长，让自己充满活力；不断加强学习，提高学习力；锁定目标不动摇，长期坚持要有耐力；要学会善于合作，形成合力；加强锻炼，保持良好的体力。”

面对青年们提出的问题，院领导们结合自己的工作、生活经历，用真实的故事、质朴的语言、真挚的情感、精辟的讲述一一答复，频频爆出令人深思和折服的“金句”，饱含认同、愉悦、欣赏与谢意的阵阵掌声把交流活动推向高潮。

2015 年院领导与青年面对面活动

2016 年院领导与青年面对面活动

2017 年院领导与青年面对面活动

2018 年院领导与青年面对面活动

团·拾趣闻

在特派员小李看来，这次“院领导与青年面对面”是她参加过最有意义的青年活动。作为十五名青春特派员之一，这次活动对她来说是一次成长之旅、学习之旅。小李是来自三级单位的新员工，入职才满一年。凭借良好的文字功底和表达能力，她被选为青年特派员，与其他四名来自兄弟单位的青年一起被分到第三个主题“成就”小组。以“航天强国”为切入点的“成就”主题宏大而深刻，为了确定合适的调研题目，第三小组做了很多功课。他们先后召开了四次讨论会，来自 512 所的特派员从情报学的专业角度，为大家解读了大量的文献和情报，使大家对航天强国提出的背景有了初步了解；来自总装与环境工程部技术一线的特派员与大家分享了型号研制过程中遇到的难题，让大家知道了在建设航天强国征程中还面临着很多困难；来自航天恒星市场销售部门的特派员给大家讲了他们跑市场的故事，让大家深刻地体会到了五院目前面临的严峻形势；来自 529 厂人力资源处的特派员从专业角度分析了人才对五院的重要性，让大家明白了建设航天强国中的核心要素。通过这些分享，特派员们确定了科学的调研题目，获得了非常翔实的数据。为了把青年的想法以生动形象的方式展现出来，特派员们进行了数次彩排。小李本人更是在出差结束后第一时间坐八个小时火车返京，只为能准时参加彩排。经历此次活动，小李觉得自己对使命了然于胸，对任务熟记于心，真正成为了一名航天人。

团·传捷报

院领导与青年面对面活动已经成为五院的团品名牌活动，获得了集团公司领导和院领导的一致好评。集团公司党群工作部副部长王双军代表集团公司充分肯定了院共青团工作和院领导与青年面对面活动，对五院党委高度重视青年工作给予了高度评价，并寄语广大团员青年不要只看眼前的苟且，在奋斗的征程中还要有诗和远方，争做胸怀宽广、执行有力、实事求是、充满情怀的航天人。

连续三次参加面对面活动的赵小津书记表示这项活动办得很好，他从“院青年的机会越来越多、要善于把握住机会、要传承航天三大精神”三方面，为与会青年代表描绘了青春永奋斗的美丽蓝图，号召五院广大青年要热爱祖国、勤奋好学、爱岗敬业、耐得住寂寞、守得住初心，在实干中汲取成长的养料，为把握机会夯实基础。

张洪太院长高度评价了此项活动在轻松活泼、幽默风趣的氛围中深刻务实地反映现实问题和诉求的全新方式，充分肯定了五院广大青年“遇到困难不含糊”的真挚想法和踏实做法，并指出有如此“朝气蓬勃、勇于担当”的青年是五院之幸。

参会的广大青年也纷纷表示获益匪浅，通过与院领导面对面的交流，大家对五院面临的形势任务有了更全面和深入的了解，对航天青年的历史使命有了进一步的明确，对自己未来的职业生涯和人生发展有了更清晰的规划。

团·品真谛

五院团委致力于让“青年所想呈现全方位，院领导与青年互动零距离”，为此坚持“思想碰撞、经验交流、精神共鸣”。

思想碰撞，言真才能意切。为切实摸准全院青年的思想动态，院团委在每次开展“院领导与青年面对面”活动前都会提前几个月在全院青年中广泛开展思想状况专题调研，利用问卷调查等形式形成青年思想状态调研报告，全面掌握院青年在自身成长、岗位建功、推进航天强国建设等方面的所思、所惑、所需、所感。在翔实数据的支撑下，每年参加面对面活动的青年代表发出的都是五院青年最真实的声音，反映的是五院青年最关心的问题。

经验交融，走心才能动人。每次面对面交流的提问环节，青年们都会畅所欲言，提很多例如分房子、买车子、职业发展通道等涉及切身利益的问题，院领导们从不回避、不含糊，而是就青年们关心的问题一一给出明确的答复，并结合自己经历，就家庭生活、事业发展给青年们提出极为中肯的建议。例如，少参加无效社交，要开展有增量和有收获的交流；家庭和事业都很重要，要平衡好二者的关系；等等。这些真诚的回答让青年们感到温暖、受到鼓舞，让院领导不仅与青年面对面，更能心贴心。

精神共鸣，思想才能凝聚。一代人有一代人的使命，与上一辈航天人相比，如今的五院青年有着不同的时代机遇和历史使命。唯有形成强大的精神共鸣，才能真正凝聚起五院青年的磅礴力量。为此，每年的院领导与青年面对面活动是一场交流，也是一次形势任务教育。每次的活动，院领导都会对当前五院的形势任务进行分析，对青年未来的发展方向进行引导，这样有理有据、情真意切的关怀引起了五院广大青年的强烈共鸣，让五院青年进一步明确了自己的使命担当。

“无痕教育”让青年思想引领更生动

◎ 五院团委

团·聚星火

当前，五院青年群体为“80后”和“90后”，作为职业生涯和航天强国建设期高度重合的一代，他们是五院建设世界一流宇航企业当之无愧的主力军。理想指引人生方向，信念决定事业成败。五院青年只有形成“强国一代”的共识，才能凝聚成为建设航天强国磅礴的青春力量。为此，团组织必须加强青年思想教育，引导青年勇担历史使命、传承航天“三大精神”、弘扬航天优良作风和五院人的优秀品格，帮助他们在航天强国建设的伟大征程中实现人生价值、展现青春风采。

青年思想教育是一项以青年人为对象、内容丰富多彩、形式复杂多样的系统工程。当代青年有着鲜明的思想特点，即自主意识增强，服从意识减弱；现实意识增强，自我约束意识减弱；个性意识增强，群体意识减弱。这些特点决定了青年思想教育工作要适应新形势的要求，改变原有传统的工作方法，采用新颖的方式增强思想教育的感染力和吸引力。

因此，五院团委采用了“无痕教育”来引导青年，取得了丰硕的成果。“无痕教育”即隐藏教育意图的教育，把这种教育方式应用于青年思想引导，可以以润物细无声的方式，运用青年喜闻乐见、富有时代气息的载体，实现引导内容入脑入心，达到凝聚青年、引导思想的目标。

团·踏征途

一、引导无痕，青年主题展演入脑入心

五院团委以建院50周年为契机，紧扣全年型号科研生产和改革发展任务，举办“青春建功五十载、航天强国有我在”青年主题展演，致敬时代、述说芳华、传承品格，让青年在亲历历史中凝聚誓夺新成功、建功新征程的决心与信念。

排练过程留影

品味历史，在创作中感知。由团干部和优秀青年组成的创编团队走访图书馆、档案馆近十次，创作出2万余字的剧本，经院士专家严格把关，15轮修改定稿，并按照剧本制作了2小时174段影像。以历史脉络为明线、青年品格为暗线，将五院发展历程和五院青年的优秀品格熔铸一体；通过《青春集结》《青春之约》《青春出彩》《青春宣言》四个篇章，述说了一代代五院青年成长成才、前赴后继，投身、推动中国空间事业发展的故事。

“青春建功五十载、航天强国有我在”展演现场

融入历史，在排演中感悟。考虑到高强密度型号任务形势，院团委优中选优，精选33名一线青年组成演职班底，利用下班后和周末时间投身排练，通过一人多角、交叉串场满足展演所需。参演青年在一个月近130小时的紧张排演中，读史料、问长辈，不断揣摩人物，练走位、学发声，以专业标准要求自己，风雨无阻、携手共进。最终以生动活泼的情景剧、感情真挚的故事讲述、喜闻乐见的时代歌曲和慷慨激昂的青春宣誓将展演完美呈现。

《中国青年报》专题报道

见证历史，在观演中感怀。“穿越五十载时空际会，这是一段关于青春与信念、抉择与奋进的不朽传奇……”开场诗歌先声夺人、引人入胜；与青年观众首次见面的珍贵工作、生活历史影像资料将观众迅速带入建院50年间的不同历史情景；老一辈五院青年投身事业的故事触及心灵、感动全场；社会转型期周志成、张柏楠、王连友坚守岗位、终成大器的故事为观众们树立了矢志航天、青春无悔的楷模与榜样；北斗夫妻情、嫦娥师徒情、中外战友情等情景剧表演令人时而忍俊不禁、时而泪湿眼眶。视频中习近平总书记对航天事业发展的寄语和对青年成长的期待，让在场青年观众们备受鼓舞。展演尾声，院“誓夺型号新成功，号品岗队在行动”青年集体代表宣誓，让五院新时代的“青春号角”声动全场，铮铮誓言澎湃在每一位青年的心中。

二、创意无限，文化产品征集悦动指尖

院团委牢牢抓住青年手机终端主阵地，开展“青春派”系列文化产品征集活动。2018年5月中旬，院团委发布五院青年品格十大关键词，让青年了解自己的历史定位和时代要求；发布“五院青年派”卡通形象和微信表情包，分品格形象类、组织引导类、日常生活类，将严慎细实、精益求精、敬业奉献、同舟共济、开拓创新等五院青年优秀品格“悦动指尖”，将组织引导中的抽象“硬要求”具象化为青年随处可接触、可使用的“软语言”，使青年在日常交流中自我激励、自我成长，不仅增强了对院的归属感和对航天事业的认同感，也激发了青年的使命担当，实现思想提升与品格传承的同频共振。

五院青年派表情包（女生版）

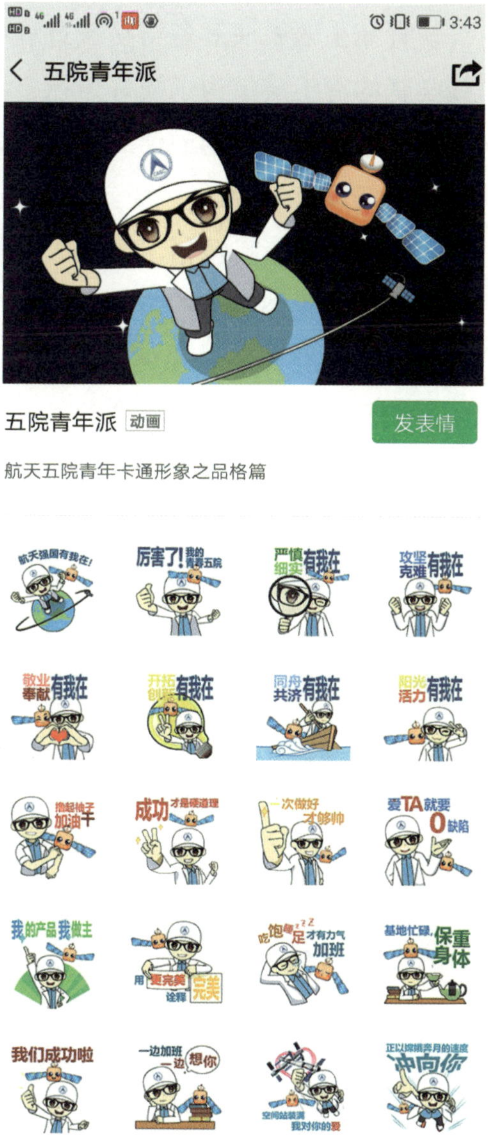

五院青年派表情包（男生版）

团·拾趣闻

青年主题展演筹备与呈现过程中发生了很多感人有趣的故事。饰演钱学森的青年演员为了演好角色，看遍了所有跟钱学森有关的电影，每天对着镜子模仿钱老说话的神态，力图演出钱老的神韵和风范。他在演出结束后动情地说道：“能够饰演钱老这个角色实在是太荣幸了，为了不辜负这个角色，我付出了很大的努力，但我收获了更大的成长。在揣摩角色时，我被钱老的爱国精神深深打动了。演完这个角色，我感觉自己也变得更爱国了。谢谢团委给我这个机会，更感谢钱老的精神遗产。未来我会继续努力，向钱老学习，不忘初心，报效祖国！”

一位参演青年在剧中“东方红一号成功”大家欢呼雀跃之时，激动地流下了泪水，她说：“那时再艰苦、再无助，我们都成功了，这份成功来得太不容易了，我们今天要倍加珍惜。”另一位青年演员的母亲在观看完演出之后动情地说道：“儿子是在不影响工作的情况下，加班、加点参加演出，我为儿子自豪，更为五院骄傲。”观看演出的青年们写道：“看了两遍，都哭了，感触颇多，致敬前辈。”“以前听老专家讲过去五院的故事，今天亲眼见证了，更感到刻骨铭心。”“我们必须传承好优秀的品格、书写好我辈无悔的航天人生。”

团·传捷报

展演试演、正式演出共三场，观看青年共计 1300 多人，占五院青年人数的近 10%，很多青年在留言中表达了为五院青年点赞、向老一辈航天人致敬、传承好优秀品格之情，极大地激发了广大青年投身航天强国建设新征程的青春奋斗热情。青年展演是五院历史上首次将院发展历程和青年优秀品格搬上舞台，得到了共青团中央、《中国青年报》和集团公司的高度认可和广大青年观众的一致好评。共青团中央青年发展部杨松部长称赞本次展演为团中央“青年大学习”活动之典范；《中国青年报》以“一场青年主题展演浓缩一段共和国辉煌历史”为题，对展演进行专题报道。目前，展演视频已纳入新员工入职培训体系，成为全院新员工入职必学内容，并于2018年8月1日与全院100余名新入职员工见面。同时，首套航天青年原创微信表情包，一经微信商城发布，便获得系统内外青年的一致好评和喜爱，累计下载总量6072次，累计发送总量63270次。院所属团组织的小伙伴们将微信表情设计成了T恤衫、手机壳等一系列文化产品，深受青年职工喜爱。

团·品真谛

发挥青年主体作用，以无痕体验提升教育效果。青年作为五院思维最活跃的群体，既有体力优势又有智力优势，理应成为创新创造的主体。所以，在进行思想教育引导时，要把教育内容细致加工，形成青年可融入、可参与、可体验的活动项目，把青年的积极性、主动性和创造性最大限度地调动起来。要善于发现青年的特长，为青年展示才华搭建平台，让青年真正愿意参加、乐于参与。要在实施阶段充分发挥青年作用，让青年“勇挑大梁”成为活动的主角，引导青年发挥青春才智，在创作过程中，塑造青春形象、感知航天精神、传承青春品格。

紧扣五院中心任务，以无痕融入丰富教育内涵。因时制宜，牢牢抓住青年形势任务教育的内容，以青春的方式唤起青春的使命与担当。五院团委紧扣全年高强密度型号发射任务、航天强国使命担当和新时代共青团青年工作，把形势任务和团十八大精神等内容以“无痕”的方式融入到活动中，巧妙地将确保成功、推动发展的使命和责任传递至每一名青年。

无痕引导育青年，创意无痕、心动有声，一个个走心的活动在春风化雨中引领着青年思辨、省身、明志、建功，在回溯历史、立足当下、展望未来中凝聚起磅礴的青春奋斗力量。后续，五院团委将进一步探索实践，推进“思想凝聚工程”建设，团结带领全院青年在航天强国建设的征程中放飞青春梦想、书写人生华章！

志愿服务凝聚五院青年正能量

◎ 五院团委

团·聚星火

改革开放40多年以来，我国志愿服务事业发展取得了前所未有的成就。尤其是2016年以来，在以习近平总书记为核心的党中央的高度重视下，志愿服务纳入全面深化改革大局，上升为国家战略。习近平总书记在党的十九大报告中指出，推进诚信建设和志愿服务制度化，强化社会责任意识、规则意识、奉献意识。

五院作为航天“三大精神”的诞生地之一，始终与祖国同呼吸、共命运。自1982年成立“巡天”志愿服务总队以来，五院一直立足航天、服务社会，勇于承担社会责任，热心参与公益事业，为中国的志愿服务事业贡献了自己的力量。面对志愿服务制度化的新要求，五院在总结过去经验的基础上，依托航天重大型号和特有资源，聚焦志愿服务的对象，创新志愿服务的内容，逐渐形成了服务“特殊人群、特殊活动、特殊区域”的志愿服务思路。

针对我国留守儿童人数大，教育和成长面临的“志不足、智不足”问题，五院团委为北京的随迁农民工子弟学校和航天发射任务周边及贫困地区的留守农民工子弟学校提供志愿服务。发挥航天高科技产业特色，为国家重要活动保驾护航，提供相关技术支持。立足单位附近的街道社区，提供义务医疗服务、便民服务、低碳环保宣传等社会公益服务，构建了关爱农民工子女志愿服务、重大活动志愿服务、社会公益志愿服务“三位一体”的志愿服务模式，不断将志愿服务规范化、制度化。

团·踏征途

在关爱农民工子女志愿服务方面，五院团委制定了“航天筑梦‘1+X+1’志愿服务行动”，通过“建设航天筑梦志愿服务基地+开发航天系列品牌课程+开展具有深度互动性和趣味性的航天科普嘉年华品牌活动”的模式，开展具有航天特色的关爱农民工子女志愿服务活动。在建设航天筑梦志愿服务基地方面，五院在振兴打工子弟学校建立了全国首家航天科普志愿服务辅导站，在河北涞源县东团堡贫困小学建设“航天爱心网络教室”，在内蒙古四子王旗捐建“神舟希望小学”。在开发航天系列品牌课程方面，设计了航天器总装面对面、我是小小航天人、软陶放飞

志愿者服务队在中国航天日开展科普嘉年华活动

航天梦、天地网络小小建造师、聆听“东方红”等课程。在开展航天科普嘉年华活动方面，五院在首个航天日举办首场航天科普嘉年华，邀请200名农民工子女走进航天城与航天员张晓光共同开展“地面版”太空课堂，与神舟飞船首任总设计师戚发轫院士面对面交流，聆听航天故事，感受航天精神。在关爱农民工子女方面，五院打造了“三高两增”的志愿服务模式，即通过航天这个“高质”品牌，依托由航天院士专家、航天员、航天一线青年志愿者组成的“高端”团队，利用与航天科技紧密结合的“高钙”内容，让孩子在与航天知识的亲密接触中实现“增智”，在与航天文化的深度体验中激发内在动力，实现“增志”。

在重大活动志愿服务方面，在以北京奥运会为代表的国家重大活动中，“巡天”青年志愿者充分发挥航天高科技产业特色，圆满完成了北京奥运会驾驶员志愿者的组织报名、知识培训、实操演练、奥运测试赛

2016年，航天员杨利伟和时任中国航天科技集团公司副总经理袁洁向时任共青团中央书记处第一书记秦宜智移交“飞天旗帜”

和奥运会赛事期间驾驶任务等一系列工作，以“零事故、零责任、零投诉”的优异表现，赢得了社会广泛认可。在上海世博会、国庆 60 周年阅兵、广州亚运会、珠海航展、国资委纪念五四运动 100 周年主题团日活动以及每年“两会”期间，五院团委出色完成了以电视卫星直播、卫星地图导航等为代表的多项志愿服务工作，并在 2016 年承办“志愿精神光耀神州”——神舟十一号飞船搭载中国青年志愿者旗帜系列活动，获共青团中央颁发的“中国青年志愿者行动特殊贡献奖”。

2016 年，共青团中央书记处书记尹冬梅为五院党委书记
赵小津颁发“中国青年志愿者行动特殊贡献奖”

在社会公益志愿服务方面，五院团委立足单位附近的街道社区，提供义务医疗服务、便民服务、低碳环保宣传等社会公益服务。每逢重大节假日，为孤寡老人、残疾智障儿童、孤儿等送去特殊关爱。各下属分队也纷纷行动，一方面常年开展爱心奉粥、捐衣捐物活动、老年公寓志愿服务活动、关爱自闭症儿童活动、关爱瓷娃娃爱心活动等常规公益活动，另一方面也结合自身业务开展颇具特色的志愿服务项目，例如磨剪子戗菜刀、维修小家电、手机贴膜等志愿服务，受到了社区居民的欢迎和认可。

2019 年学雷锋日，青年志愿者协会组织开展志愿服务进社区活动

团·拾趣闻

10 岁的帅帅想做一名航天员，而在此之前，他的理想是做一名快递员。帅帅的父亲就是一名快递员，看到父亲每天骑着车东奔西走，帅帅感觉很酷。从快递员到航天员，帅帅的改变还要从一年前五院在振兴打工子弟学校建立了全国首家航天科普志愿服务辅导站说起。帅帅是振兴打工子弟学校三年级的学生，刚从老家来到北京没多久，父亲是快递员，母亲是超市收银员，父母工作都很忙，很少有时间辅导帅帅功课，他的学习成绩在班上一直不太理想。帅帅是一个有着强烈好奇心的孩子，五院的航天科普辅导站一建成，就极大地吸引了他的目光。他惊奇地看着辅导站里的模型，好奇地问着志愿者哥哥姐姐们各种问题，孜孜不倦地阅读着站里的科普读物。因为在辅导站内表现积极，在首个航天日，帅帅被邀请走进航天城与航天员张晓光共同参与“地面版”太空课

堂活动。这次活动就像一粒种子，在帅帅的心里种下了科学的嫩芽。回到学校后，帅帅学习认真了许多，学习成绩不断提高，老师和父母都感到很惊讶，帅帅郑重其事地告诉他们，自己以后想做一名航天员，为祖国的航天事业作贡献。通过志愿服务，更多的青少年走进航天、了解航天、立志投身航天。

团·传捷报

2016年，五院团委承办“志愿精神光耀神州”——神舟十一号飞船搭载中国青年志愿者旗帜系列活动，获共青团中央颁发的“中国青年志愿者行动特殊贡献奖”；打造了以航天科普嘉年华、航天爱心网络教室等为载体的“航天筑梦‘1+X+1’志愿服务行动”，惠及近万名青少年，其中农民工子女近7000人，在2016年宁波志交会上荣获第三届中国青年志愿服务项目大赛银奖；在中央宣传部、中央文明办等11个部门共同举办的宣传推选全国学雷锋志愿服务“四个100”先进典型活动中获评“最佳志愿服务组织”。服务队成员先后荣获“北京市五星青年志愿者”“海淀区义工之星”等荣誉。2019年6月，五院“巡天”志愿服务总队被推荐提名为“中国青年志愿者协会”会员。

团·品真谛

经过几十年的发展，五院将“巡天”志愿服务总队从1982年的7人学雷锋小组，打造成为一个下设20个分队，拥有5000余名志愿者，志愿足迹遍布北京、天津、甘肃、陕西、山东等地，广受社会赞誉的品牌志愿服务队。在品牌建设的过程中，“规范化、体系化、制度化”始终是指导“巡天”志愿服务总队不断走向卓越的核心。

规范化促进队伍壮大。五院先后在集团和志愿北京进行相关备案与登记注册，使青年志愿服务队从“民间”走向“官方”。截至目前，团员青年注册志愿者率高达95%，20个分队均已在所属地市共青团系统网上志愿服务平台完成注册，形成了以北京为核心，辐射全国的规范化志愿服务队。为了进行统一管理，五院为志愿服务队设计了logo，制作了队旗和队服，进行志愿服务要统一穿着，并携带队旗合影留存。这一举措，极大地增强了志愿者的归属感，提高了服务队的知名度。

体系化提高服务质量。五院坚持志愿队伍体系化、志愿模式体系化、志愿服务体系化。以总队统领支队的模式开始志愿活动，确保志愿活动高规范；以服务“特殊人群、特殊活动、特殊区域”的思路，构建了关爱农民工子女志愿服务、重大活动志愿服务、社会公益志愿服务“三位一体”的志愿服务体系，确保志愿服务高匹配；打造了“航天筑梦‘1+X+1’志愿服务行动”，通过设计体系化的服务内容确保志愿服务高水准。

制度化推动品牌发展。五院制定了《航天五院“巡天”志愿服务总队章程》，为志愿服务队伍的管理提供了制度保障。总队对分队进行管理，对志愿活动进行统一策划安排，全面整合资源为分队提供支持和指导，有效提高队伍的服务水平和品牌效益。

未来，五院将坚持“三化”，做好“三位一体志愿服务”，立志将“巡天”志愿服务总队打造成一支享誉全国的志愿者服务队，为实现中国梦、航天强国梦贡献力量。

“青”心“软实力”

◎ 西安分院数传所团支部

团·聚星火

随着信息技术的高速发展，中国航天已经开启了软件定义功能、软件定义卫星的时代，软件在航天器中的作用越来越大，功能也越来越复杂。院长六号令中提出，以空间站、深空探测等为代表的复杂航天器呈现出智能化、网络化的特点，越来越多的功能将通过软件实现，软件研制能力直接体现着组织的核心竞争力。

在西安分院数传所近几年承担的生产任务中，软件配置项占比越来越高。根据2017年统计数据显示，西安分院在研软件数754项，约占五院软件数量的50%，而数传所承担的软件数量为440项，约占西安分院软件数量的58%。

青年员工在软件开发方面具有独特优势，他们计算机水平高、思维活跃、接受新事物能力强。在上级领导的支持下，西安分院数传所团支部成立了以青年人为主力的“软件开发中心”，发挥团组织的凝聚和组织作用，采用集中培训、实战演练、竞赛交流等多种方式，提升青年员工的软件设计水平，激发青年人投身软件设计、参与创新创效的热情，进而提高软件类产品的开发效率，缩短研制周期，提升软件产品质量，达到提升西安分院数传产品市场竞争力和为西安分院培养软件设计人才的目的。同时，“青”心“软实力”团·品项目也是西安分院践行院长六号令的一个青年实践样本。

团·踏征途

数传所软件中心24名青年员工都是通信相关专业的，并非软件科班出身，在软件开发方面，大家需要不断学习软件知识。数传所以此为契机，实施三步走战略：请进来，走出去，学习先进软件设计理念；与时俱进，利用新媒体，打造学习交流平台；举办软件设计竞赛，实战检验项目成果。

一、请进来，走出去

团支部通过联系外协商，请外部专业的软件设计人员来数传所软件中心传授软件设计经验，旨在提高青年员工的软件设计能力。搭建“群英会”交流平台，邀请专家开展相关知识讲座，夯实基础，提升能力，旨在鼓励多学科、多维度的技术交流和知识分享，激发思想火花，促进专业发展；邀请航天772所专家，为青年员工讲授“新一代处理器架构及应用”课程；邀请复旦大学微电子学院的工程师精讲“FPGA设计与制造”课程；组织青年员工与基石公司等优秀企业开展交流。此外，数传所软件中心还组织经验丰富的专家编制了提升软件研制专业能力的练习题——《VHDL能力提升50题》，专门针对FPGA设计能力的提升，

所外专家请进来

优秀青年走出去

同时也可用作新员工的培训教材。数传所定期选派优秀青年员工外出调研，去中兴西安分公司、上海大众、山东潍柴等软件开发能力出色的单位交流学习，学习内容涉及“软件开发管理模式”“模型驱动的设计方法”“面向复杂航电系统的敏捷软件项目管理实践”等方面，不断开阔视野，提升水平。

二、与时俱进，利用新媒体，打造学习交流平台

数传所软件中心建立了类似百度知道、知乎问答的载体平台，青年员工在平台中提出软件设计中出现的问题，对这些问题有解答思路的成员做出解答，获得积分，并灵活开展现场讨论。同时，建立了积分奖励机制，根据积分情况奖励最活跃员工，颁发“最佳贡献奖”“最佳软件员”等奖项。经过与相关领导协商，现已将积分情况与青年员工效益挂钩。目前该平台累积问题条数已达300多条，几乎覆盖了软件设计的所有方面。平台管理员会摘选交流中有代表性的疑难问题和解决办法，建立“疑难问题库”，为软件设计人员提供参考。

打造精品软件　铸就核心实力

信息处理室软件组每月之星

2017年10月

刘聪聪同志，作为XX-1单机主管，在10月份期间连续加班加点，确保单机进度有力推进。在单机出现误码问题时，积极主动尝试多种解决方案并最终解决误码问题。作为工作刚满一年的新同志，这种工作状态和质量意识值得鼓励。特此通报表扬！

积分竞赛比起来，争当“每月之星”

三、举办软件设计竞赛，实战检验项目成果

数传所参考已有的成熟的软件设计大赛机制，以团支部为核心，举办所内青年员工软件设计大赛，评选最佳设计成果，给予相应奖励。2018 年 10 月 24 日，数传所软件中心开展了软件设计竞赛活动，活动分为两个场次：基础知识竞赛和型号任务实战，获胜者赢得了全球程序员节的开幕式门票一张。

软件设计竞赛赛场比拼

软件设计竞赛奖励——全球程序员节开幕式门票

团·拾趣闻

一个阳光明媚的早晨，数传所软件中心 204 办公室传来了一阵争吵声。故事还要从前一天晚上说起：小周在学习新连接器接口时遇到了技术问题，于是在软件中心的微信提问平台上发布了一个问题——如何对新接口进行自环测试？问题一提出，立即引发了群里热烈的讨论，其中小赵和小顾分别提出了一种可行性很高的方案。

小赵和小顾讨论问题

两人一大早就来到办公室，继续昨晚的讨论，正在她们争执不下，都觉得自己的方案更好，应该得到此问题的答题积分时，小周接到了一个电话，说安装了新连接器的板子已经可以开始调试，于是软件中心的领导当即提出，让小赵和小顾分别按自己的方案进行测试，谁的测试准确性高，积分就是谁的。

一周以后，小赵和小顾居然同时完成了测试，而且她们的方案都是正确且高效的。软件中心所有的领导、同事都为她们感到骄傲，提议应将积分同时颁发给她们两个人。于是 2018 年 6 月，软件中心新媒体学习交流平台有了全年唯一一次双料微信积分王，被大家称作“绝代双娇”。

打造精品软件 铸就核心实力

软件中心微信积分王

2018 年 6 月

顾晨星、赵魏同志，作为软件中心 2018 年 6 月微信答题的双料“积分王”，在微信平台答题中表现积极，提出的 GTH 接口自环测试方案高效可行，这种主动学习，勇于实践的态度值得鼓励。

双料微信积分王

团·传捷报

“青”心“软实力”团·品项目实施以来，受到了青年人的喜爱和青睐，“三步走”战略根据年轻人的特点，有效地营造了软件中心“比学赶超”的学习氛围，取得了一系列成果。

一、组织优势开始显现，软件研制提质增效明显

数传所通过单机和软件同时发力，规范了软件的研制流程；以做强需求分析、做细软件测试为原则，软件薄弱环节得到明显改善；人员集中管理，培养了主动沟通的意识，开发效率明显提升。

二、基础管理和人员能力得到了有效提升

青年员工通过“人人上讲台”交流总结经验，目前此项活动已完成 9 期；开展软件构件库、模块库的建设，目前已完成 10 余项构件、数个成熟模块；整理发布了 10 项管理类、7 项技术类所级软件第 3 层次文件；坚持开展“代码 SHOW”活动，审查代码，学习规范，集体把关；新员工培养方面，由专人负责，多人指导，编写了《VHDL 能力提升 50

题》，迅速提升了新员工编程能力，加快了人员上岗的速度。

三、探索新的软件开发模式

青年员工通过试行模型驱动、自动代码生成等新型开发模式，提升了开发效率；深入研究并使用开发工具的高阶功能，提升工具的效能，为软件开发提供了便利。

数传所软件中心的青年人还为团队设计了 logo，在西安分院青年“五小”成果中获得佳绩，团队成员荣获 2017 年度“陕西国防科技工业系统优秀共青团员”称号。

团·品真谛

目前，我们遇上了中国航天的大发展时期，型号任务繁重，青年人承担的工作任务也比较繁重，要保证团·品项目的顺利开展，活动必须遵循有利于青年成长、有利于企业发展的原则。数传所“青”心“软实力”项目，就是将青年员工成长、成才的愿望同有效服务科研生产的目的有机结合起来，既得到了青年人的喜爱和拥护，又得到了各级领导的支持。

青年员工基本是 85 后、90 后，他们的思想活跃，也有着很强的自我认同、他人认可的评价需求。在“青”心“软实力”团·品项目实践中，数传所团支部通过建立积分奖励机制、竞赛活动等能够让青年员工得到“实惠”的方式，激发大家的参与热情。“实惠”不仅仅是像“全球程序员节”开幕式门票、积分奖励与个人绩效考核挂钩这样的物质性奖励，也包括了“最佳贡献奖”“最佳软件员”等荣誉奖项，得到团队及他人的认可对青年员工自我认同有着正向作用，从而促进青年员工更加热情地参与到活动中来。

三人行之航青直播间

◎ 502 所三室团支部

团 · 聚星火

502 所三室主要负责载人航天和探月工程的 GNC 系统技术总体工作。2017 年，因为型号任务的特点，青年们分散在北京、文昌、天津、上海多地开展各型号研制工作，面临多地办公、长期出差的情况；同时，502 所三室团支部青年的年龄结构发生变化，80 后、90 后青年占比提升。面对队伍分散的现状与活动形式多样化的需求，团支部一直在探索如何更好地为青年沟通搭建桥梁，增强青年间的凝聚力，为此三人行之航青直播间团 · 品项目应运而生。航青直播间秉承三室“三人行”文化品牌虚心好学、勇攀技术高峰的理念和“三人为众，众志成城”攻坚克难精神，以“情系最前线，助力航天梦”为主题，打造航天特色沟通架桥和平台。

“聚是一团火，散是满天星”，航青直播间便是利用网络平台为青年们沟通、成长、互助搭起的“星间链路”。活动借助当下青年喜爱的直播方式，利用网络视频和微信群等实时交流的平台，实时关注青年的思想动态和成长历程。航青直播间开通了多个直播频道，通过形式多样、寓教于乐、关爱互助的方式，打破传统活动模式，让青年们在思想上得到提升，增进青年在多地的“走心式”沟通交流，促进青年更好地融入中心工作，助力共同成长。

团·踏征途

航青直播间在2017年开通了包含“探密直播、群策直播、尝鲜直播、梦想直播”和“锦书在线”的“4+1”直播频道。

一、探秘直播，趣味解密

2017年4月1日，正值“天舟一号”处于推进剂加注阶段，基地青年已连续工作了50多天，在印着“不忘初心，逐梦前行”的宣传展板和共青团旗下，首个文昌基地直播平台诞生了。通过视频连线的方式，开展北京青年与基地青年的联合探秘和互动交流。面对文昌新基地，在北京的青年们充满了未知和好奇。连线活动是开展模拟前后方联动工作场景的探秘游戏，北京、文昌两地青年突击队混合组成两队，分“机关解密”“心有灵犀”“线索解密”三个环节进行接力比拼。

二、群策直播，献言献策

以“青春共话十九大，对标攻坚铸辉煌”为主题，群策群力。2017年9月，青年们在参观白洋淀抗战纪念馆后，举行了以“青春共话十九大”为主题的群策活动。结合即将到来的十九大展开大讨论，青年们踊跃发言，说出自己对未来航天的畅想，也为团队的发展献言献策。

三、尝鲜直播，关爱传递

采用“定制团课”方式，针对青年喜好量身定制周末“尝鲜”课程，倡导青年博采众长，传播生活正能量。团支部为青年提供了创意烘焙课堂，享受了定制课堂的青年在微信群内直播烘焙美味的过程，积极传播生活正能量。通过线上、线下共同参与，取得了良好的活动效果，留下了美好的青春回忆。

四、梦想直播，青春担当

结合共青团成立95周年和团中央“一学一做”主题教育活动，围绕“我的青春我的梦”主题开展活动。团支部组织青年寻访狼牙山烈士足迹，开展“不忘初心，勇挑重担”的梦想直播团日活动，活动通过在群里的实时图片、小视频，结合打卡、问答比拼形式，青年们积极参与、广泛讨论。体验式的团日活动，让大家的心灵受到了洗礼。这种寓教于乐的方式，拉近了青年们与组织之间的距离。

五、锦书在线，诉衷传情

“锦书在线”是新时代下的“传情”新载体，以“云中谁寄锦书来”为主题，建立交流平台。活动开始前，团支部号召奔赴发射场的试验队员们通过明信片、书信等方式记录基地见闻和最真实的航天人情感，通过青年在基地现场在线朗读写给亲朋好友的信件，实现北京与基地青年的互动交流，及时分享航天青年在参与型号研制任务中的喜悦和收获。

探秘直播之文昌分会场

探秘直播之北京分会场

群策直播之参观白洋淀抗战纪念馆

梦想直播之寻访狼牙山烈士足迹

锦书在线之“传情”明信片

团·拾趣闻

“小小明信片背后蕴藏着宏大的报国心”，这是在文昌基地开设的锦书在线直播中的小故事。团支部采用时下正火的“朗读”形式，在线组织多名基地队员依次与大家分享信件内容：有对“天舟一号”研制艰辛历程的回忆、对亲人的思念和对北京飞控同事们的关心；有讲述在基地的成长故事，也有表达对试验工作过程点点滴滴的感悟；有说出对型号必胜的坚定信念，也有表达对即将发射型号的祝福。

值得一提的是，直播当天是4月1日，这是西方的愚人节，也是某位港星的忌日，这是当天在许多人“朋友圈”中看到最多的消息。此外，这天也是在“南海撞机”事件中牺牲的王伟同志十六周年纪念日，一名基地队员对此感到十分痛心。他一直将这个纪念日铭记在心，也由此决定投身国防事业。“为了祖国的强大，为了航天强国目标的实现，我们航天人再苦再累也值得”，这是直播中他向大家娓娓道来的家国情怀，令人动容，他在明信片上写下“强大的国防力量是和平的保障”，与三室青年共勉。

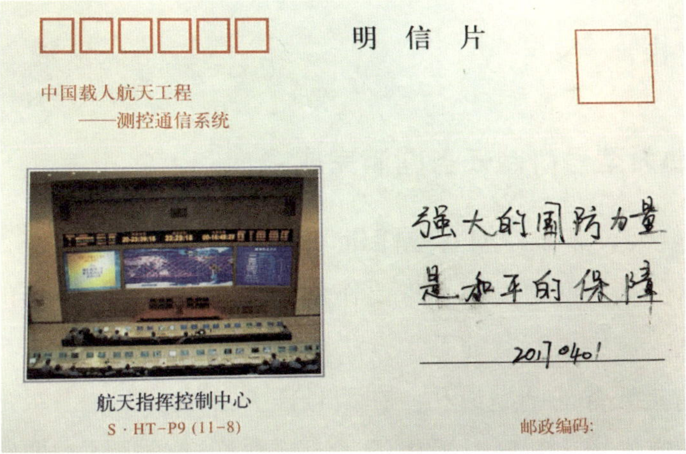

小小明信片，蕴藏大情怀

一张“跨越时空”的合影。在这次基地的直播活动中，听到两地青年们的在线交流后，型号办领导高度肯定了青年们在基地的工作。北京的室领导与基地青年面对面交流，给出“过来人”在基地生活的建议，使得现场气氛达到了高潮。活动尾声，两地青年分别与墙上投影中的小伙伴们合影留恋。这张合影虽然效果不佳，但具有十分重要的纪念意义：这张特殊的合影跨越了不同纬度、不同温度的空间，将为同一个目标奋斗的青年们紧紧联系在一起。

“跨越空间”的合影

团·传捷报

一、助力型号研制任务圆满完成

“玩转航天直播，补加基地能量”。航青直播间活动在三室 2017 年青年突击队劳动竞赛中发挥了重要作用，帮助长期在外工作的青年甩开了思想包袱，提供了有益的工作方法，确保了“天舟一号”与“天宫二号”交会对接任务的圆满成功。在型号任务总结会上，上级部门表彰了先进青年及突出个人，同时播放了基地连线活动的视频，取得了良好的展示效果。

二、体验式活动促进思想提升

通过“梦想直播”活动，三室青年们重走了狼牙山烈士走过的路，知道了和平年代的珍贵；聆听英雄背后的故事，触动心底最柔软的情感；穿行在白洋淀芦苇荡，难忘报国初心。在缅怀先烈的过程中，青年们更多地主动思考未来祖国和民族的发展。这种浸润式的体验活动，让青年的思想得到进一步升华，更加坚定了从事航天事业的理想信念。

三、为青年搭建沟通桥梁

考虑到青年多地工作的特点，团支部开通的多个直播平台活动在搭建沟通桥梁方面成效显著。利用视频直播、信息共享的方式，助力青年人互动交流、互诉心声，让参与者能感受到更多的关爱，为团队增添更多的正能量。通过开展群策交流活动，搭建了上下级沟通的平台，室领导对青年的疑惑进行解答，消除青年的思想顾虑，让青年对未来充满期待。

团·品真谛

一、融多地为一地，倡互动献关爱

团支部利用直播平台进行异地在线交流活动的尝试，一方面突破了多地办公的地域障碍，通过寓教于乐的方式，释放了员工的工作压力；另一方面搭建了心灵沟通的桥梁，增强了员工间的认同感和归属感，在关爱青年思想状态、助力青年成长方面起到了积极作用。

二、青年有向往，支部有回响

针对80后、90后不同年龄段青年的思想、文化差异，团支部为他们量身定制周末体验课程，鼓励青年追求美好生活，积极传播生活正能量。

三、关注青年思想，润物细无声

青年强则国家强，青年的思想动态是团支部工作的风向标。团支部在促进青年坚定信念、关注青年所思所想方面开展了较多工作：在常规的活动中，参加所团委发起的捐衣、航天好故事征集等活动，结合支部特色组织开展了“一学一做”的基层形势任务教育、主题团课、主题党课、组织生活会等系列活动；在特色活动中，团支部通过体验式活动，使青年化被动接受为主动感悟，在参与过程中提升思想，以润物细无声的方式为青年思想牢牢筑基。

未来，502所三室团支部将继续借助直播间平台在加强技术架桥、提升创新能力、服务多地青年等方面继续努力，让“团”的温暖传递到每一位青年，助力青年成长成才。

“研”艺圈

◎ 502所研发中心团支部

团·聚星火

当你问航天青年：“你觉得你是有创造力的人吗？”得到的答案大多都是否定的。原因之一就是多数青年发现在工作、生活中难以提出新的想法与建议，往往只能遵循常例、墨守成规。航天型号任务具有高风险的特点，对可靠性要求极高，因此在工程设计中通常会优先考虑成熟技术的继承和沿用，青年设计师在工作中倾向于沿用已有的技术基础，在使用新技术方面尝试较少。

人的大脑分为左、右半脑，左脑掌管逻辑、事实、数字，右脑掌管情感、艺术、想象。作为宇航设计师，习惯运用左脑思考，却往往忽略了创造力与想象力的重要性。爱因斯坦曾说：“想象力比知识更重要。”回顾历史，创造力几乎影响了每一次科学的变革，只有具有创造力的人才能够不受陈规和条条框框的羁绊，去探寻未知的问题。在当今时代，人们也越来越意识到右脑思维的重要性，未来将属于那些善于想象与创造的人。青年是航天事业的未来，品牌项目希望在工作中实现“研”与“艺”的结合，更好地激发青年的右脑思维，这就是“研”艺圈的理念。

如何激发右脑思维？精神由我们的右脑掌管，与同为右脑掌管的艺术联系更为紧密，创造力用艺术来展现才能深入人心。因此，“研”艺圈项目借助绘画、音乐、话剧等艺术形式，激发青年的右脑思维。

团·踏征途

“研”艺范是对传统精神引领活动的改造。502所研发中心团支部通过排演了《一分造梦，九分筑梦》黑光剧，以“造梦”“追梦”“圆梦”三幕故事讲述航天梦从蓝图到实现的过程，用富有创意的艺术形式回顾历史，让青年在准备和展示的过程中体会创造的乐趣，坚定理想。表演中那些看似简单的道具，却凝聚了最多的心血与汗水。房子、树、雷达、发射塔架这样的道具制作需要一系列复杂繁琐的流程：首先需要将吹塑板粘在一起固定好，再将打印出来的分解图案按序号一张一张粘上去，然后要将图案涂上荧光染料，把图案以外的地方用黑色布料粘住……同样，卫星、火箭这些创意道具，也是依靠着集体的想象力才得以完成。

“研”读圈是对传统阅读活动的改造。书单的选择放在了文学、哲学、艺术的经典书籍上，包括陀思妥耶夫斯基的《群魔》、罗素的《西方哲学史》、贡布里希的《艺术的故事》等。伟大的书籍连接着伟大的思想，在与伟大思想的交流中，青年们必然会得到智慧的启迪。针对部分经典书籍晦涩难懂的特点，在线下的分享交流会上，团支部鼓励青年进行再创作，用生动的漫画、图像等形式进行交流展示。此外，为了使“研”读圈更加立体，团支部为活动建立了公众号，作为线下分享会的延展，让更多的青年，以更丰富的形式参与到分享中来。

“研”拓展是对传统架桥活动的改造。通过设计“温故知新笔记”，打造研发中心的线下“知乎”平台，用传递笔记的方式来提出问题、解决问题，提升青年工作的经验和技能，并在过程中得到启发。在一年的传递过程中，团支部发现如果邀请更多的支部加入，“知乎”平台会更具多样性、启发性。因此，在与三院301所、厦门大学航空航天学院的架桥活动中，笔记成为重要的元素。团支部邀请他们为研发中心青年的提问进行回答，也欢迎他们留下自己的问题传递给我们的青年，既增进了感情，也收获了更多的工作经验和启发。

研发“live”是对传统讲堂活动的改造。分享新知、分享时光，每个人都有自己独一无二的经历，有不同的兴趣与关注点。“研发 live”邀请青年们就自己感兴趣的东西写下自己的感悟，通过喜马拉雅 APP 录制节目：《爵士乐》《英式早餐》《SpaceX 的故事》《旅行感悟》。每一期节目都像一扇窗户一样，打开之后就是一个新的世界，在忙碌的工作生活中，用“听”的方式，可以有效利用通勤时间。同时，在上班路上听到同事们熟悉的声音，本身也是一种惊喜。

青年积极参与“研”艺圈活动

“研”艺范——黑光剧表演

“研”拓展——与厦门大学航空航天学院的架桥活动

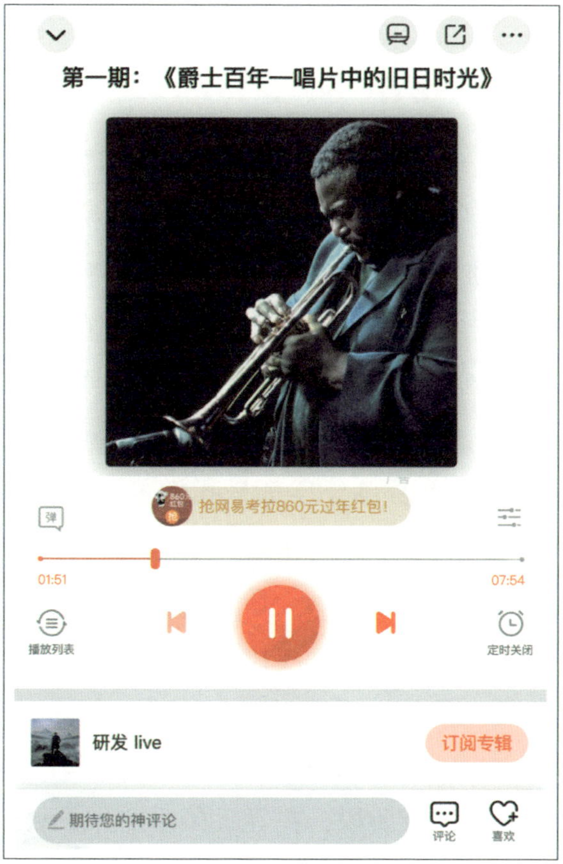

研发“live”——节目展示

研发“live”——录制现场

团·拾趣闻

托尔斯泰曾说：“理想的书籍是开启智慧的钥匙。”书籍是我们获取知识、开拓视野的重要途径。伟大的书籍连接着伟大的思想，获取这些思想既能拓展我们思维的广度，又能增加我们看待问题的维度。同样重要的是，阅读不仅通向知识与思考，也连接我们自己的世界。我们在阅读的过程中得到了改变、愉悦和抚慰，从一个个别人的故事中寻找共鸣，找到自己的追求。

不论哪一种原因，阅读与分享都是我们最不应该放弃的习惯。为此，团支部组织了以“春日阅读——世界的另一个入口”为题的阅读分享会。本次活动分为阅读与分享两个阶段，在阅读阶段，团支部委员结合自身的阅读经验，广泛征求青年们的意见，列出了包含文学、历史、哲学、政治、艺术等大类共40余本书籍的书单，每一本书的下面都有简单的推荐理由，供青年们根据兴趣自由选择，展开阅读。

经过了一个半月的阅读阶段，在春日午后的中关村公园，青年们从分享会进入了世界的另一个入口。通过《斯通纳》，一起领略了斯通纳作为一个普通人悲哀无奈的一生；根据《自私的基因》展开讨论，探讨我们的人生究竟是由基因还是由意志所掌控；由《哲学家都说了什么》，聆听康德、黑格尔、尼采对世界的运转、人生的意义等永恒问题不同的解答……最后，青年们结合这次活动，畅谈了读书的意义、书与电影的选择、碎片化阅读的局限性等思辨问题，一直到太阳落山仍意犹未尽。

青年们在中关村公园进行图书分享会

团·传捷报

一、青年的收获感

作为聆听者，青年们从活动中得到了灵感、收获了新知。在“研”读圈活动中，无论是线上的公众号还是线下的分享会，探讨过程中不同的关注点、不同的思考方式都给彼此带来了启发；在“研”拓展活动中，从技术难题到工作思路，青年的问题得到了不同角度但都严谨细致的答案；在研发“live”活动中，青年们听到了一个不一样的世界，了解到了许多从未涉足的领域。同时，作为分享者，青年们收获了成就感，他们对问题的解答、他们广博的见闻和兴趣爱好被记录下来传播给更多的人，更重要的是，给别人带来启发和帮助、获得感谢与好评后，青年自身也能得到满足感与成就感。

二、对中心工作的帮助

如果说左脑思维像一道道水渠将溪水合理地引导、分流，那么右脑思维正是不断涌出的溪水。从 SpaceX 公司的猎鹰火箭可以看出，航天的未来属于那些拥有与众不同思维的人。502 所研发中心承担着宇航控制领域的预先研究工作，想要在未来继续保持领先，除了扎实的技术功底，还要有面向未来的创造力和想象力。“研”艺圈活动能够给青年们带来工作以外不一样的感受，通过活动让青年们积极调动右脑，产生灵感的火花，从而帮助青年成为新一代拥有“全新思维”的宇航设计师。

团·品真谛

一、“研艺平衡”的团·品理念

业务能力与创新思维并重是对新时代宇航设计师的要求，502 所研发中心团支部以“研艺平衡”为切入点，针对性地开展团·品活动，发掘青年艺术特质，展现青年艺术创造力，丰富青年艺术生活，切实达到用艺术激发青年创造力与想象力的目的，实现科学与艺术相互融合、业务能力与创新思维并重的初衷。

二、“老话新说”的活动方式

青年是最有活力、最喜欢新鲜事物、最有创新精神的群体，团·品活动必须求新求变，与时代结合才能更好地吸引青年们参与其中。为此，团支部采用“老话新说”的方式将传统活动进行改造，黑光剧、线上公众号、线下“知乎”平台、漫画创作、喜马拉雅 APP……这些新平台、新工具的运用赋予了传统活动新的生命，让活动不再受制于时间与场地的困扰。“研”艺范、“研”读圈、“研”拓展、研发“live”每一个活动都紧紧扣住了青年们的兴趣热点，新颖的活动形式深受青年喜爱。

三、“多姿多彩”的青年收获

收获“启发”，无论是线上的公众号，还是黑光剧的演绎方式，在参与活动的过程中都给青年们带来了启发；收获“新知”，在线下“知乎”平台中，从技术难题到工作思路，青年们的问题得到了不同角度但严谨细致的回答；收获“眼界”，在研发“live”中，青年们听到了不一样的世界，了解到了自己从未涉足的领域。通过团·品活动，使青年们意识到在工作生活中既要脚踏实地、严慎细实，也要仰望星空、热爱创造。

特种部队之“攻坚”行动

◎ 529 厂热表工程中心团支部

团·聚星火

529 厂在型号研制质量与生产进度上的高标准、严要求带动着热表工程中心不断加强生产精细化管理和项目总包任务推进，这使得型号生产难度在一定程度上有所增加，跨专业项目（机加、检测等）过程控制难度加大。与此同时，随着军民融合发展的逐步深入，航天技术应用产业市场的竞争不断加剧，热表工程中心在新产品、新技术、新工艺等方面需求更加迫切。在繁重紧张的研发与生产任务之下，更要做好热表工程中心青年的心理疏导工作，在统一思想的同时，引导青年树立良好的工作心态。

为此，529 厂热表工程中心团支部根据支部特点，于 2017 年策划开展了特种部队之“攻坚”行动，旨在培养中心青年的质量意识、提高中心青年风险控制能力以及激发中心青年的创新潜力。特种部队之“攻坚”行动分为三步，第一步开展“凝心”行动，积极掌握中心青年的思想动态和生活状态，做好青年的知心人；积极引导、凝聚青年思想，做好心理疏导工作。第二步开展“聚力”行动，凝聚青年力量，在工作难点识别、青年突击队建设等方面，充分发挥青年生力军作用，激发青年“比学赶超”的良好氛围。最后一步开展“拓能”行动，通过开展讲座、沙龙等活动，分享创新的思路和方法，共同提高青年创新能力，以及开展工艺“回头看”等活动，夯实专业知识，扫清盲区，避免低层次质量问题的发生，确保产品质量。特种部队之“攻坚”行动，综合“凝心”“聚力”“拓能”三步行动，为中心全年的繁重型号生产与研发任务贡献青年的力量。

团·踏征途

特种部队之“攻坚”行动面向中心所有青年，结合中心青年员工的特点和需求，以三个主题行动为方向，依托丰富多样的活动，达到培养中心青年质量意识、提高青年风险控制能力以及激发青年创新潜力的实施目标。

一、“凝心”行动

“气正则心齐，心齐则事成。”为凝聚中心青年的思想，团支部开展“凝心”行动以积极掌握青年的思想动态和生活状态，做好青年的知心人；再进行合理引导，凝聚统一青年思想的同时做好青年的心理调节。

“凝心”行动以主题团日活动为基础，通过多次组织爱国主义教育基地参观活动、“如何做一名合格团员”讨论活动和“一学一做”专题党课等形式开展，进一步加强对青年团员的思想教育和思想引领，培养团员青年“我与航天共奋进”的政治意识和组织意识。

主题团日活动

团支部策划开展了“质量故事会”活动，通过真实的故事，生动的讲述，将身边质量模范的故事以“朗读者”的形式进行了宣传，对团员青年立足岗位、提高质量意识具有很好的作用。团支部通过开展“微信调查”活动，对青年工作中的困惑、生活中的困难，对团支部工作的希望和要求进行了征集。同时，团支部协助党支部在寒冬走访慰问了住在单身宿舍楼的青年员工，把支部的关心和集体的温暖传播到中心的每一名青年员工心中，也进一步提高了青年员工的向心力和凝聚力。

团支部协助配合党支部寒冬宿舍送温暖

二、“聚力”行动

“万夫一力，天下无敌。”为凝聚青年力量，团支部开展“聚力”行动，在工作难点识别、青年突击队等方面，充分发挥青年生力军作用，营造青年“比学赶超”的良好氛围。

“聚力”行动首先以“难点梳理我先行”为主题，通过举办“攻坚”动员会，邀请中心领导和各班组负责人将中心面临的宏观形势和机遇进行专题介绍，对全年任务提前进行梳理，为啃下全年任务的硬骨头鼓舞了干劲、指明了方向；再以“青年突击队我当先”为口号，大力弘扬青年突击队精神，以青年骨干为主，针对研发和生产重点及难点项目组建青年突击队；最后以“集思广益找重点”为主旨，号召青年突击队提前做好各个难点任务的生产策划，充分识别难点和风险，并做好过程控制，确保型号任务过程受控、质量可靠。

团支部针对研发和生产重点组建多支青年突击队

团支部号召突击队集思广益，充分识别难点和风险，做好过程控制

三、“拓能”行动

“敢于创新，善做善成。”以“凝心”行动与“聚力”行动为基础，开展攻坚行动关键的一环——“拓能”行动。行动以开展讲座、沙龙等活动形式，分享创新的思路和方法，共同提高创新能力，以及开展工艺“回头看”等活动，夯实专业知识，扫清盲区，避免低层次质量问题的发生，确保产品质量。

“拓能”行动以专题培训为基础，提升研发和攻关能力。“体系化、标准化技术研发”专题讲座，帮助青年技术骨干进一步提升技术研发和攻关能力，为攻克技术难题提供支撑；“技术查新”和“技术研发交流”活动，帮助青年了解前沿技术，并组织青年交流研发心得体会，分享创新的思路和方法，共同提高创新和攻坚能力；最后针对重点型号任务，邀请中心领导、项目管理达人开展专题培训交流活动，进一步提高青年

开展多项专题培训，提升研发攻关能力

项目管理能力，保障型号顺利研制；“金点子”征集活动，针对重点、难点型号任务，深入开展青年员工“金点子”合理化建议征集活动，带领青年为解决任务难点、提高效能、提高产品质量可靠性献计献策，助力技术创新和工艺改进超过60项。

团·拾趣闻

为了活跃中心文化、丰富员工生活、创新活动形式，团支部以“凝心”行动为主题，发动中心青年参加由529厂策划组织的新年快闪微联欢活动，在热表工程中心厂房上演完美演出，为中心员工带去了新年的关怀。本次活动的人员主要从中心青年、厂舞蹈队以及厂2015年“529厂好声音”团队中精心挑选，组建了一支活力四射的快闪小分队，并邀请专业的舞蹈和演唱编排老师进行指导。虽然不是专业演员，但是大家利用下班后的时间认真排练，经过1个多月的专业训练，终于在2017年年初为中心员工献上了快闪表演。快闪活动的编排经过精心设计，由《东方红》和《龙的传人》拼接并加入摇滚元素组成，既含有航天元素，又充满了动感的节奏，演出形式包含独唱、合唱、现代舞和街舞，可谓十分丰富，得到了在场员工的一致好评。

团支部青年们参与中心厂房快闪活动

2017年5月，正是中心生产任务的高峰期，同时也是中国共产主义青年团建团95周年的日子。95载风雨兼程，95载薪火相传，“爱国、进步、民主、科学”的“五四精神”激励着无数团员青年砥砺奋进、逐梦前行。传承和行动是最好的纪念，“五四”期间，团支部以“凝心”行动的名义，组织开展了“我和团旗合张影”活动。为了充分展现青年的创造力和活力，团支部组织中心青年广泛参与，多次修改创意方案，最终结合本职工作特色，穿着高科技的防护服，选择合适的拍摄角度，拍摄了富有创意和活力的照片，得到了广泛的好评。在繁重的研制生产任务背景下，团支部以“新颖、简短、有趣”的活动形式，为大家带来了轻松和欢乐，也达到了释放减压、激发正能量的效果。

团支部“我和团旗合张影”活动

团·传捷报

特种部队之“攻坚”行动的开展，提高了青年的凝聚力和向心力，锻造了多支富有战斗力的青年突击队，青年骨干创新意识和工作能力得到了明显提升，促进了中心自动化、信息化的升级再造，特别是形成了以下两项具有里程碑意义的技术创新成果。

一、舱体保温 SAL 涂层圆满实现型号应用，实现了中心研发生产一体化模式转型跨越

SAL 涂层团队由热表工程中心五位青年组成，团队从最初的需求分析与涂层设计到试验开展与工程化应用，再到最终工艺鉴定与型号应用，经历了 2017 年整整一年的时间。通过“聚力”行动的开展，团队成员们针对研发和生产难点，充分发挥青年生力军作用，相互激励，不断尝试，仔细识别型号应用过程中的难点和风险，并做好过程控制。最终在 2017 年完成了两个型号的舱体级涂装，并申报专利 6 项，撰写技术论文 2 篇。

二、大舱防腐涂层解决了空间站大型舱段整舱防腐重大技术难题

2017 年，防腐涂层团队面临时间紧、任务重的研发与生产形势，多个舱体需要正样涂装。防腐涂层团队通过“拓能”行动，组织团队青年

防腐涂层团队技术交流试验

交流研发心得体会，分享创新的思路和方法，定期组织开展通用工艺“回头看”活动，夯实专业知识，强化质量意识，生产准备前扫清盲区，落实规章制度，谨防低层次质量问题的发生。在紧凑的生产形势下，中心顺利完成了5个舱段的防腐涂装，确保了产品质量，打赢了这场研发生产一体化攻坚战。在这一年的过程中，防腐涂层团队突破了腐蚀防护、整舱大面均匀性涂装、涂层结合力等多项关键技术，申报专利5项，撰写技术论文3篇，实现了对空间站长久服役提供全面有利保护的目标。

团·品真谛

回首2017年特种部队之“攻坚”行动，锻造了针对不同项目的多支青年突击队，以这种特色机制，按三步行动的实施方式，打造了青年参与度高、特色鲜明的品牌活动，三步行动实现了青年们工作能力的提升，同时也为中心产品质量的保障、生产研发的创新提供了强有力的帮助。

一、只有“凝心”，才能凝聚

只有凝聚起青年的思想，让青年积极开放地交流，达成共同的目标，才能建立良好的开端，营造出青年“比学赶超”的良好氛围。

二、只有“聚力”，才能富有战斗力

团支部通过攻坚动员会的举办，让中心领导和各班组负责人牵头指明方向，青年团员们对全年任务提前进行梳理，认准了方向，充分识别了难点和风险，确保了型号任务过程受控、质量可靠。

三、只有“拓能”，才能提高效能

团支部通过开展专题技术培训、创新沙龙等活动，努力搭建青年创新思想碰撞的平台，再通过开展工艺“回头看”等活动，切实提升了青年的质量意识、风险识别能力，并积蓄了改进的动力，促进了多项“金点子”的提出，实现了“拓能”行动的成果转化。

529厂热表工程中心团支部是一支充满朝气、团结协作、敢于拼搏、锐意进取的青年集体。2017年，在繁重紧张的研发与生产任务背景下，团支部根据自身特点，通过开展特种部队之“攻坚”行动，以先“凝心”再“聚力”最后“拓能”这样循序渐进的方式，培养了中心青年的质量意识、提高了风险控制能力，并激发了青年的创新潜力，提升了中心青年的整体工作素质，保障了中心全年生产任务的圆满完成。

“我行我 show”交互式工作平台

◎ 航天东方红卫星有限公司机热工程部团支部

团·聚星火

航天东方红卫星有限公司机热工程部包含机械、力学、热控等 6 大专业，各专业之间存在仿真数据不能有效共享、设计流程缺乏监控、不同学科之间的仿真数据缺乏协同等问题。为了让青年真正融入到科研生产中来，以便更好地完成当前的任务，我们融合团支部的建设，成立机热青年战斗部队，搭建了一个开放性的“我行我 show”交互式工作平台，鼓励青年在该平台上分享经验与案例，通过相互分享，达到提升青年岗位能力，特别是提高新员工学习效率的目的。

“我行我 show”交互式工作平台是一个面向部门全体员工的开放式互动平台，包括“流程”“案例”“知识”和“创新”四大板块。“流程”板块对整星研制的各个环节进行细致分解和说明，深度剖析每个环节的输入条件、工作内容和输出结果，更是细化到工作内容的每一个操作步骤。“案例”板块是针对整星研制环节中的各个专业方向，分享成功或失败的典型案例，形成典型案例数据库，供平台使用人学习，避免重复犯错。“知识”板块是将部门所有岗位的工作技能文件和三层次文件进行分类整理，并形成视频教学文件，确保使用人“学得懂、学得会、学得深”。“创新”板块旨在展示部门创新产品和创新方法，抛砖引玉，激活大家的创新思维，引领部门创新工作的进步。

作为航天东方红机热工程部团支部青年，我们立足于“开放、共享、学习、互动”的理念，致力于打造覆盖小卫星机械、力学、热控等领域的共享交互平台，为推动中国小卫星产业的发展作出应有的贡献。

团·踏征途

为将“我行我 show”交互式工作平台打造为一个“知识全面、内容丰富、美观易用”的开放式平台，在平台建设的过程中，团支部制定了两个详细的方案，分别是“大家来找茬”和“航天艺术家”。下面分别对这两个方案进行详细介绍。

平台主界面

“大家来找茬”方案分三步走，分别为“一梳理、二收集、三建立”。为了梳理并提炼出当前青年员工急需补充的相关知识与经验，团支部首先针对性地梳理了工作流程，该流程不是整星研制流程，而是机热工程部各专业的详细设计流程，以及与各分系统的相关接口及工作项目等，共分类整理出所需参照三层次文件135项。随后，团支部收集整理了机械布局、力学分析、热控等专业典型案例共55个，并以此为基础搭建案例库。最后，团支部根据平台四大板块的构建原则，建立平台知识库，方便青年员工对各专业相关知识进行查询。

大家齐上阵

“航天艺术家”方案的目标是将之前梳理的知识、文件、案例等做到模块化、可视化。为实现该目标，团支部青年纷纷化身“视频制作人”“网站制作人”和“界面美图师”。“视频制作人”将一些很难通过纸质文件来传达的详细建模设计方法录制成教学视频，以便新员工学习。经过不懈的努力，平台最终收录教学视频共70余个。“网站制作人”利用Dreamweaver等软件进行网站平台建设，对之前收集的文件库进行接入，真正实现了平台的建设。“界面美图师”对网站的用户界面进行美化设计，使其有着良好的使用体验。

编制网站后台代码

团·拾趣闻

在前期梳理岗位资料、分享型号案例、固化研制流程的工作基础上，要实现“我行我 show”交互式工作平台的建设，还需要将上述成果做到可视化、模块化。最有意思的是，要将上述成果建设成一个网站展示给大家，特别是如何录制有意思的学习视频、如何建设一个漂亮的网站成了大家努力的目标。为了实现这一目标，团支部青年们分成三个小组。

视频剪辑

一组青年由高振邦带领学习制作视频，首先学习用最简单的软件FastStone录制屏幕，然后用更专业的软件来做视频剪辑，青年们俨然变成了一个个视频制作人、航天界的艺术导演；二组青年由徐森带领学习添加背景音乐，好的视频配上好的背景音乐，大家观看时才会精神头儿十足，让大家学习的热情随着音乐律动起来；三组青年由才女葛逸民带领学习网站的美工设计，为了将网站平台的界面做到人性化、美观化、趣味化，她们手绘了界面图纸，搜集了各种有趣的照片。

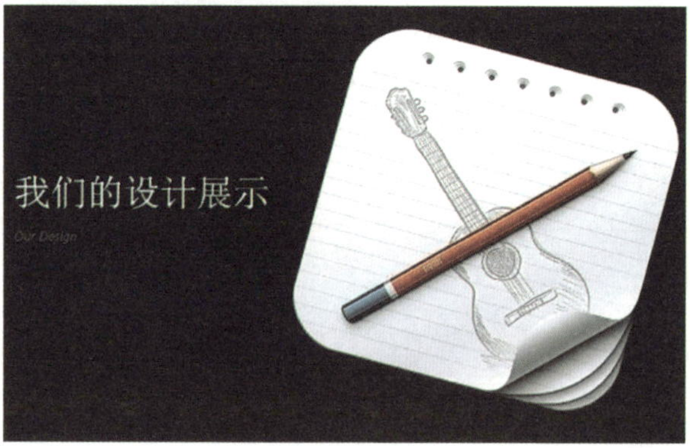

手绘界面图纸

经过活动策划实施后，机热工程部产生了一批懂航天的“电影制作人”“音乐制作人”“网站制作人”，他们被形象地称呼为“航天艺术家”，也可以称为“艺术人中的航天专家”！

团·传捷报

目前机热青年们已基本完成“我行我show”交互式工作平台的建设，在“流程”板块，以机械布局为核心，梳理出了构型布局与结构机构协同设计流程、与各分系统IDS签署流程、构型布局与三维下厂协同设计流程等一系列专业流程，明确了输入输出以及每个阶段应该完成的工作，大大提高了新员工的学习效率，同时减少了口口相传带来的技术细节的丢失和错误。在“案例”板块，星上设备与展开工装干涉案例、立方镜观测面未详细定义案例、羽流冲击太阳帆板案例、电缆分支长度错误案例、结构尺寸变化引起相关布局变化问题，相机电缆卡箍与结构板加强梁干涉问题等常见多发问题均收录在内，青年员工学习“案例”并举一反三，可以少走很多弯路。在“知识”板块，螺栓拧紧力矩、埋件拉拔强度、常见材料热参数等不一而足，给青年员工提供了一个快速查询的入口。“我行我 show”交互式工作平台的建设使用，促进了新员工的快速成长，使之可以更快地融入到科研生产、研发创新的热潮之中。

科研生产很重要，文化内功也要勤加练习。作为党的助手和后备军，机热青年将文化阵地的建设融合到“我行我 show”交互式工作平台中，加强青年爱航天、爱机热的文化氛围，因此，团支部在平台上开展了“我爱我家”机热青年之家建设活动。机热之家建设是在平台的最上面板块，首先对“家里”进行装修，绘制了“家里”的装修图纸，确定了书柜、保密柜、计算机的摆放位置等，然后我们在“家里”晒出了百度卫星的高清渲染模型等青年的文艺创新作品，让大家相互学习欣赏。“家里”还有青年成长相册，记录了团支部青年在文体先锋、学术交流等方面成长的点点滴滴。

通过“我行我 show”交互式工作平台的建设使用，机热青年建立了部门共享知识体系，提高了青年员工的设计水平和设计效率，形成了一个强有力的战斗团队。

团·品真谛

“我行我 show”交互式工作平台是一个集开放性、共享性于一体的交流平台，其现实意义主要体现在以下几方面。

一是将知识标准化，可以显著提高学习效率。相比依靠人与人的直接交流、口口相传的知识共享模式，“我行我 show”交互式工作平台节省了大量的交流成本，大幅提升了获取知识的效率。

同时，通过“我行我 show”交互式工作平台，有效避免了由于大家对知识理解的不同，而出现的知识传播偏差，提高了员工学习知识的准确性，有利于个人专业水平的提升。

二是将知识信息化，可以提升学习效果，固化专业知识经验。传统的知识传播形式不够形象，被传授人只能凭空想象，难以完全理解传授人的真实意思，因此，借助信息化手段的方式，将工作流程、经验知识、共性问题等形象地表达在网络平台上，建立数据库，在方便员工使用的同时，也可以防止知识因人员的变动而流失。

三是将知识共享化，可以提升工作效率、增强团队竞争力。“我行我 show”交互式工作平台可以使个人经验迅速扩散到整个部门，从而使员工可以获得解决同一问题的方法，提高员工工作效率；同时，员工所总结的好方法和好工具可以通过反馈系统扩散到组织体系里，让更多的员工使用，从而提高工作效率，增强团队竞争力。

我们是特种兵

◎ 航天恒星科技有限公司卫星通信事业部团支部

团·聚星火

随着我国卫星应用产业的不断发展，卫星通信逐步成为卫星应用产业发展不可或缺的基石，保障卫星通信的信息安全和实现经济效益最大化刻不容缓。在中国卫星通信产业发展进程中，如何充分发挥民族品牌的领军作用，在市场上逐步实现对国外产品的替代，推动国家高科技产品化和发展战略性新兴产业方针指引下的技术突破和跨越，成为航天恒星人义不容辞的努力方向。

为了向这个目标迈进，航天恒星卫星通信事业部以用户需求为导向，聚焦核心技术攻关，把“打造一系列拥有自主知识产权、性能与国际比肩的卫星通信产品”作为部门“一号任务”。产品是根本，队伍是保证，为进一步活跃基层团组织建设，不断提高团组织的吸引力和凝聚力，最大限度地激发广大团员青年干事创业的热情，汇聚建设航天强国和国际一流宇航企业的强大正能量，航天恒星卫星通信事业部团支部结合自身特点，自主设计、组织开展了有影响、具长效性的品牌项目：团·品——“我们是特种兵”。

活动围绕部门 Ka 频段宽带多媒体通信卫星地面系统研制任务开展。由卫星通信事业部 21 名骨干青年作为首批“特种兵”奔赴西安，进行项目封闭式集同攻关。通过“打响集结号”“树立军规”“苦练基本功”

“能量补给站”“战术大比拼”“联合大会战”“胜利攻占 Ka 峰”“英雄凯旋”等一系列活动，在保质保量完成任务的情况下，打造出一支“能打硬仗”的卫星应用领先团队，推动部门 Anovo 民族卫星通信产品创新，为国防、国民经济建设提供重要保障。

团·踏征途

第一阶段——打响集结号，战士集结勇担责任

21 名青年骨干组成的“Ka 特种兵团”成立，即将奔赴西安的“特种兵”集体宣誓。成立大会号召大家不仅要吃透技术，更要跟上、甚至超前于现有技术。发扬“特别能攻关”的精神，大干 100 天，保证“一号任务”顺利交付。此阶段旨在进一步发挥青年在完成事业部生产工作任务、推动事业部科学发展中的先锋模范作用。

“Ka 特种兵团”成立大会

“特种兵”集体宣誓

第二阶段——树立军规，完善制度基础

由团支部成员牵头，编写“军规”，完善制度基础。为明确任务，每天开展“班前会”；为深入把控当天的进度，解决遇到的问题，每天开展“班后会”。此阶段旨在促进项目组成员了解项目进度，提高项目进展效率，实现“问题及时解决，方向随时明确”的目标，使项目开展能够高效有序进行。

第三阶段——苦练基本功，强素质，练本领

“特种兵”们分为“终端”“网管”“网控”“硬件”等项目研讨小组，通过技术交流会，采取“各个击破”的方式突击攻关。

第四阶段——能量补给站，肯吃苦，学经验

团支部委员牵头，由各方面“专家”成立“技术委员会”，于每周

明确任务，开会讨论

五下午进行专题培训，不仅对项目的重点难点进行讲解与分析，更“掏心窝”地分享项目的开发心得和自己的成长历程。此阶段旨在提高“特种部队”的业务素质，凝聚项目团队，塑造能打硬仗、肯打硬仗的队伍。

专题培训

第五阶段——战术大比拼，争先锋，创纪录

各个小组之间进行大规模的“代码走查”，明确各个接口，设立“效率之星——千行代码出错率最小”“火眼金睛——发现错误最多”等奖项。此阶段旨在弘扬航天人“特别能吃苦、特别能战斗、特别能攻关、特别能奉献”的精神，鼓励广大青年学习并发扬艰苦奋斗、崇尚实干、善于学习、锐意进取、拼搏奉献的精神，为公司发展更上新阶段贡献自己的力量。

第六阶段——联合大会战，激战后，曙光现

系统软件、硬件部分研制完成，进入紧锣密鼓的联调阶段。“特种兵”们在黎明前最后的黑暗中奋斗着，共完成软件代码更新30余次，项目完成效率、代码质量大幅提升。

第七阶段——胜利攻占Ka峰，产品成功发布

项目顺利完成，“特种兵”们胜利攻陷“Ka主峰”。共完成代码31个版本，共计20万行，文档100余份。对经典案例、有效问题解决方案进行汇编成册，形成项目经验案例集。相关技术应用于Anovo2.0系列产品，并于2015年11月5日在国家会议中心成功举办发布会。

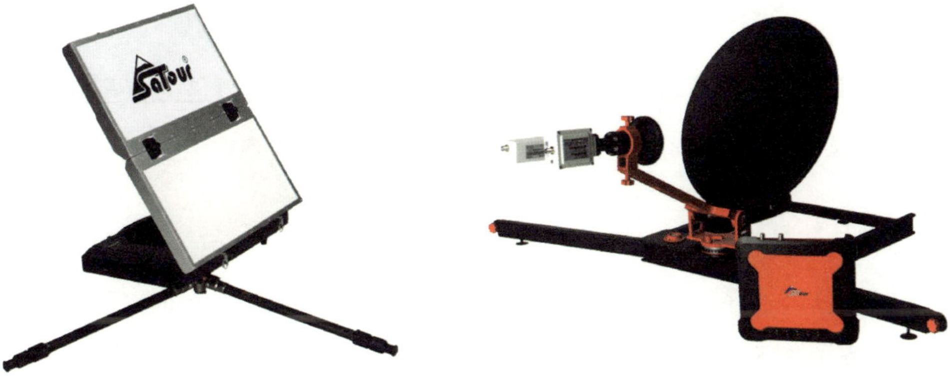

Anovo2.0系列产品

Anovo2.0 系列产品发布会

团·拾趣闻

在宏福苑十七号院，有这样一群人——他们不分昼夜地坐在电脑前，反复调试、商量对策；他们时而激烈讨论、时而陷入沉思，只为寻求一个最优方案；他们废寝忘食、坚守岗位，为了一号任务而奋战在每一个日日夜夜……

他们是卫星通信事业部精兵强将的一个缩影，他们是力保事业部一号任务 Ka 工程的先锋部队，他们是可敬可爱的通信人。

02:14

时间已经过了凌晨 2 点，这已经是为项目熬的第 2 个通宵了，李海林用手按了按肩膀，说不累都是假的，怎么能不累，可是时间不等人啊，L 波段调不通，后面的节点怎么保？业务联调、上星联调、性能测试、系统测试，一个个难题，哪个都不比现在这个简单，一座又一座山等着翻呢，但所有这些的前提是，先翻过现在这座。虽然只是入职一年的新员工，海林已经用扎实的基础知识和高超的编程技巧征服了大家，“大牛”可不是随便叫的。Ka 项目开展以来，海林已经完成了网控软件多个关键模块的编码，现在正如火如荼地开展与硬件的联调，项目越进行到后期，难度就越大，而剩下的时间也越来越少。海林深知这一点，这几个月以来，他顾不上马上就要结婚的未婚妻，顾不上买房贷款的一大堆手续，一心扑在项目上，原本壮硕的他消瘦了好多，不过神情之间也多了几分英武之气。

03:45

“别愣神儿了，看看你这段代码，我觉得这个互斥锁加得不太对”，姬晓慧对海林说。晓慧比海林早入所一年，现在已经是 Ka 系统网控软件的中坚力量了，资源分配、前向处理、网络配置，好几个“硬骨头”都是晓慧凭着一股不服输的干劲儿啃下来的。“这个模块还有不少改进的空间”，这是晓慧常说的一句话，精益求精是她做事的准则，也是项目软件质量的保障。不但要正确，而且要高效，尤其是后续项目性能需求还有较大幅度的提高，不早做规划的结果很有可能是把现在做的推倒重来，这无论对项目进度还是对产品平台的建设来说，都是十分不利的。晓慧正是充分认识到了这一点，才在前期就对每个模块都进行精心设计，更是无时无刻不在思考着如何对模块进行进一步的优化和改进。来到公司这两年多以来，晓慧已经在多个项目中发挥了重要的作用，同时她各方面的能力也都有了长足的提高，网络规划、算法设计通通不在话下。

06:20

“上线了！”李晓晨激动地喊了出来。晓晨作为终端站软件的主要开发人员，真可以说是巾帼不让须眉，要能力有能力、要干劲儿有干劲儿，从西安分部千里迢迢来北京调试，晓晨从无怨言，因为她知道项目的重要性和紧迫性。

小站终于上线了，天也渐渐亮了。所有人都松了一口气，包括几位一直在督战、甚至时不时也上马改两行代码的领导们——时立锋、郝晓强和杨锴。

小站上线意味着系统联调取得了初步的成功，当然，后面还有更多更高的山要翻，但是大家从来都没有泄气过。项目还有很多路要走，但是我们相信一定能走到胜利的终点，因为我们有坚定果断的领导、有精明能干的团队，还有一颗从未变过的赤子之心。

宏福苑十七号院的一夜

团·传捷报

通过团支部组织开展的“打响集结号”“树立军规”“苦练基本功”“能量补给站”“战术大比拼”“联合大会战”“胜利攻占 Ka 峰”“英雄凯旋”等系列活动，卫星通信事业部研发团队突破了 Anovo2.0 系统多个技术难题，于 2015 年 11 月成功召开了“创无界 · 行无疆”中国卫星通信产品高峰论坛暨 Anovo2.0 发布会，推出部门新一代卫星通信产品，向整个卫星通信乃至通信行业展示了航天恒星秉承“自主创新”之路，潜心钻研、砥砺十年的战略定力和在卫星通信领域坚持走产品化、市场化、民用化的决心和实力。

同时，在团支部“我们是特种兵”品牌项目的推动下，卫星通信事业部培养了多名优秀青年骨干，打造出一支“能打硬仗”的卫星应用领先团队，部门整体凝聚力和战斗力显著提升，促进了产品研制效率，提高了系统的可靠性、敏捷性，提升了产品性能，为打造一条集市场、研发、研制、生产、售后及运营服务为一体的完整产业链条打下了坚实的基础。

随着国家“走出去”战略的进一步实施和“一带一路”倡议的提出，中国卫星通信乃至卫星应用产业自身也面临着参与国际竞争的机遇和挑战，卫星通信事业部将以此为契机，大力推进国产卫星通信产品的国际化，用良好的产品和服务树立卫星通信民族品牌，与此同时，航天恒星卫星通信事业部还将融合上下游产业优势资源，加速国产卫星通信产品产业化步伐，为推动国产卫星应用产业贡献自己的智慧和力量。

团·品真谛

团支部“我们是特种兵”品牌项目，通过“打响集结号”誓师动员，大大增强了团支部青年对科研攻关的信心，通过“树立军规”总结梳理项目重点难点和标准规范，通过“苦练基本功”促进支部青年的业务能力提升，通过“能量补给站”提高项目成员归属感，通过“战术大比拼”“联合大会战”“胜利攻占 Ka 峰”等将青年员工的激情推向高潮，让青年员工在各自擅长的领域中发挥自身价值，为自己能参与航天技术应用事业而备感荣耀。项目的顺利开展，对航天技术应用产业基层团组织品牌工作有以下启发。

一、通过建立健全品牌活动的运行机制，发挥团建工作特色

“我们是特种兵”团·品项目结合部门实际情况，通过集结部门21名参与项目攻关的骨干青年，打响七大“战役”，助推部门实现“小步快跑”快速推出产品，“创新不息”打造民族品牌，“逐鹿市场”服务行业用户，“契合时代”发挥航天应用，巩固了中国卫星通信第一品牌的形象。通过团·品项目，充分激发了青年员工的积极性和创造力，笃定了青年们将卫星应用发挥到极致的信念。

二、引导团员青年敬业爱岗，推动团组织工作持续创新

在团·品项目实施过程中，团支部紧密围绕部门发展目标和“一号任务”，引导团员青年勤奋学习、爱岗敬业、服务企业，充分发挥团员青年先锋模范作用，促进部门员工整体技术能力提升。在团支部的引导下，广大团员青年进一步转变思想，真正面向用户，加速卫星应用产业化的战略方向，有力支撑了我国高通量卫星通信发展，体现了恒星团组织充分做好新形势下青年工作的能力。

此次品牌项目建设活动，通过组织建设来强化团员青年意识，通过特色活动来活跃团员青年生活，通过爱心关怀来稳定团员青年心态，通过倡导学习来促进团员青年成长，通过形势宣传来引导团员青年意愿，通过励才荐才来激励团员青年成才，展现出汇聚推动改革发展的强大青春正能量。

第二篇
引航青春、助力成才

习近平总书记寄语广大青年："我衷心希望每一个青年都成为社会主义建设者和接班人，不辱时代使命，不负人民期望。"五院团委坚持"青年优先发展"理念，注重以航天重大工程为代表的型号任务历练青年，以科学的经验传承、作风养成、知识传递机制培育青年，不断丰富实践教育载体，优化青年成长成才环境，开展助推青年成长系列活动，促进团员青年成长成才和全面发展，培育造就了一批思想过硬、作风务实、业务精湛、功底扎实、勇于担当的高素质青年人才队伍。

青年成长领跑计划

◎ 通信卫星事业部团委

团·聚星火

通信卫星事业部（以下简称通信部）自 2008 年成立以来，人才队伍不断扩大，型号研制规模稳步提升，在轨卫星彰显效益，整星级产品获得国际市场高度认可，国际订单源源不断。

2017 年，通信部员工共 596 人，35 岁以下青年 364 人，平均年龄 34 岁，青年占比 61%，其中，入职 1~2 年青年员工 49 名，入职 3~5 年青年员工 118 名。这批青年目前正处于自身成长的关键时期，到 2020 年他们风华正茂，到 2035 年他们正值壮年，到 21 世纪中叶他们年富力强，可以说他们与伟大时代前进的征程同生共长、同频共振。他们的成长对于航天事业未来的发展、对于建设航天强国的中国梦的实现起到了至关重要的作用。

近年来，面对繁重的科研生产任务，仅依靠传统的培训模式，制约了青年员工的快速成长。青年成长领跑计划重点关注青年员工在成长过程中遇到的问题和困难，通过争取党政领导支持、职能部门协助、专家认可，进一步完善青年培养机制，有计划、分层次、分步骤地对青年员工职业生涯发展进行科学有效的规划，为青年成长搭建平台，帮助青年员工尤其是入职 3~5 年的青年员工快速成长，充分激发青年积极性和创造性，为组织的发展储备人才、积蓄力量。

团·踏征途

2017年年初，通信部团委下发《通信卫星事业部“青年成长领跑计划”实施方案》，明确项目组织机构、主要内容、导师资格、职责及聘任、学员申报和选拔以及工作要求。此外，部团委联合科技委和人力资源部门，编制导师团队组建方案，明确导师职责、制定指导计划书、成果要求及激励政策等，为通信部青年提供了良好的平台体系。

一、领跑·青年课题

“青年成长领跑计划”为通信部青年提供了良好的课题研究平台，选择政治思想素质高，工作作风严谨，热心培训工作，在专业上具有扎实的理论基础和丰富的型号实践经验，能及时掌握本学科专业的前沿领域发展动态的领域骨干聘任为项目导师。由团支部推荐、党支部批准，选拔以入职3~5年为主的优秀青年参加领跑计划，并进行现场答辩，导师和青年进行双向选择，完成导师与青年结对。

导师与青年结对

部团委组织举办“青年成长领跑计划”启动仪式，导师代表和学员代表共同签署了“青年成长加油卡”，学员代表向导师代表敬献了由青年自行设计、3D 打印制作的导师勋章。

“青年成长加油卡”和导师勋章

在一年的时间里，部团委组织科技委专家定期对学员的课题进展情况进行抽查，给予指导，青年最终在导师的带领下完成课题研究，均通过答辩，并由导师评选出优秀课题，对优秀课题的研究争取进一步政策支持。“青年成长领跑计划”增加了青年的创新成果储备，让青年员工变得更加勤于思考、善于学习、开拓创新。

“青年成长领跑计划”将以 1~2 年为一个周期，不断邀请专家加入导师团队，选拔优秀青年进行专属指导，并为青年寻求更多的学习资源，不断加速青年成长。

二、领跑 · 培训与实践结合

“青年成长领跑计划”采用“系统培训+型号实践”相结合的培养模式，为学员搭建了一个良好的培训平台。项目进行过程中，该计划共举办部级培训 33 学时，分别涵盖业务培训、职业技能培训及专业技术培训。同时，该计划依托各党团支部开展了更具针对性的各项教育、研讨活动。

“青年成长领跑计划”相关培训

部团委邀请有关领导对通信部“十三五”规划进行解读，让青年对组织发展方向进一步知悉；邀请有关专家对青年职业规划进行专题辅导，对青年面临的共性问题和个性问题进行解答。此外，部团委还通过举办青年论坛活动，鼓励青年上讲台展示学习成果。

三、领跑 · 选树榜样青年

鼓励青年根据年内重点攻关项目成立青年突击队，集合团队力量攻克技术难题。部团委组织开展青年先锋岗及青年突击队评选，选树青年榜样进行宣传表彰，借助榜样力量形成比学氛围。

“青年成长领跑计划”为青年成长提供了良好的平台，激发了广大青年员工开拓创新的热情与活力。2018 年，通信部举办了“第一届 ITS 青年创新设计大赛”，为青年搭建了更多的创新成果展示平台。

陈曦同志作为通信卫星总体研究室青年新生力量，承担着型号力学分析与环境试验一岗的工作，爱岗敬业，具有严谨细实的工作作风和精益求精的工作态度，为型号研制工作贡献着自己的力量。同时参与事业部数字化研制工作，学习MBSE方法论，参与总体与载荷协同设计软件开发等工作；善于创造，积极参与"失力同心"QC小组发布工作，最终获得事业部三等奖的成绩。在工作中虚心向前辈学习，研读业内标准，主动提高自身专业水平；除了完成自身型号工作之外，主动帮助组内其他员工承担部分工作任务，甘于奉献，在帮助同事的过程中提高自身工作能力。

同时陈曦同志担任总体室团支部书记工作，践行"融入中心、确保成功、夯实基础、不断超越"的工作理念，围绕"保成功、促发展、创和谐"的主题，制定年度策划，开展的各项青年活动得到广大青年的充分肯定。团结同志，并利用工作之余主动了解青年员工心理动态，听取广大青年意见，营造青年发展平台，助推青年成长，增强青年凝聚力，充分发挥青年生力军作用。

陈曦同志在工作上严格要求自己，善于创造，甘于奉献，积极进取，勤于学习，主动提高自身专业水平，起到了青年模范带头作用；在生活上积极乐观，团结同志，起到了表率作用。

榜样青年

团·拾趣闻

一、继续还是暂停，这不是一个问题！

为了进一步激发通信部青年员工创新的热情，部团委启动了“青年成长领跑计划”，总体室的小陈听到“青年成长领跑计划”的第一个反应是：跑步嘛，没问题，上次通信部运动会我还是女子800米第三名呢。

但是，此“跑”非彼“跑”！在党支书的解释下，小陈搞明白了什么叫做“青年成长领跑计划”。但是她也很纠结，不知道自己能不能做好，经过一番思想斗争之后，还是决定接受这个挑战。

小陈的导师是刘波研究员，第一次交流选题的时候，刘老师非常认真，谈论完之后表示出对小陈极大的期许，小陈顿时感到“压力山大”。但是既然已经选择了，就要坚持下去！

然而还没有开题，小陈便发现自己怀孕了。老公在国外，平时家里只有一个人的她天天跑医院，加上孕反严重，每天精神不振，于是对于这个“青年成长领跑计划”打起了退堂鼓。曾经很多次，她都跑到刘老师的办公室门口想要暂停这个课题研究，但是每次都是走到门口犹豫不决，最终默默地离开。小陈的内心很是矛盾，她不知道是该继续还是该停下来。随着身体的不适感越来越严重，她终于鼓起勇气敲开了刘老师办公室的门。

还没有等到她开口，刘老师便询问起课题的进展情况，看到消瘦的小陈也很关心她的身体状况。面对导师对自己的关心，已经到嘴边的话又被咽了回去，小陈跟导师汇报了自己课题研究的进展。从办公室出来，她笑了。自己鼓足了勇气前来暂停项目，结果竟莫名地继续了。想来还是发自内心地想要继续迎接挑战，就算再大的困难也要克服，更何况有一位那么尽心尽力的导师呢。

最终小陈在休产假前完成了课题的研究，撰写了论文，参加了青年科技论文的评选活动。她说：“感谢通信部‘青年成长领跑计划’给我这个机会，更加感谢导师在我前进的道路上给予我无限的帮助和力量。”

二、一个学员的内心独白

随着 Ka 频段卫星通信的兴起，我国也启动了高通量卫星系统（HTS）的研制和运营工作，某型号卫星已经发射成功并投入试运营。“动中通”由于其天线口径小，适用范围广等特点成为了 HTS 的主流选择之一。因此，国际和国内对“动中通”业务进行规范和管理的呼声很高。为了给国内制定政策法规提供输入，也作为国际电联研究议题的支撑，我的“青年成长领跑计划”在导师闵长宁的指导下选定了“动中通”作为课题研究方向，并将课题名称定为《卫星“动中通”业务频率使用规则和兼容性分析》。

在课题启动初期，确定干扰场景就成了难题，最初几个星期的时间我一直在与导师进行讨论，但每次都会引入各种新问题导致最初的设想被否定。由于“动中通”涉及空间、地面等多个维度的干扰情况，若想要在一年的时间内取得实质性的成果，就必须使研究方向具有针对性。在与导师进行了多次讨论和交互后，同时咨询了国内“动中通”相关议题的负责单位，包括卫通、频管大队等，最终我决定将国际电联（ITU）的相关议题报告与课题结合起来，在电联议题研究的基础上进行进一步的延展，完整地定下了课题的基调。

一旦方向确定，后续的研究也就顺利了，但作为学员，这还是我第一次独立开展如此大规模的兼容性分析，干扰分析方法也在课题过程中进行了多种尝试，中期答辩时还不免有几分忐忑，生怕哪里有问题导致全盘重来，而中期评审中导师和专家都给予了很大的肯定和鼓励，也给了我很大的信心。

虽然过程中有重重困难，但最终在导师的指导下都悉数克服，使得课题顺利完成。课题成果不仅仅在“青年成长领跑计划”中得到肯定，同时也在更大的舞台上发挥了作用。课题的分析结果进一步提交给了工信部无线电管理局，目前无线电管理局也以我们的分析作为参考，着手出台国内“动中通”管理政策；与此同时，课题结论也作为国际电联4A工作组议题输入文稿的一部分，得到了会议的认可并纳入了电联主席报告附件。作为学员，我参加“青年成长领跑计划”的经历收获良多，一方面自身得到了很多经验和知识，另一方面也在国际和国内的专业领域尽到了自己的一份力。

参加国际会议

团·传捷报

“青年成长领跑计划”的实施从实现青年自我价值、提升青年专业能力、丰富青年创新成果储备等方面均取得了良好效果。

在青年自我价值实现方面，部团委于 2017 年开展了第一期“青年成长领跑计划”，为通信部青年搭建了平台，助力青年成长成才。参与青年通过认真研究，与指导老师充分沟通，按计划完成了论文的撰写。通过为青年搭建培训平台、交流讲台、提升舞台以及竞赛擂台，极大地激发了广大青年的学习热情，同时为青年争取到了各项优质资源，包括向通信部申请了一定的经费，帮助青年完成课题研究。

在青年专业能力提升方面，部团委为参与“青年成长领跑计划”的青年安排了领域专家作为督导师，分别从“启动仪式”“开题检查”“中期检查”“结题检查”几个节点敦促青年完成课题。同时部团委关注每一位青年的课题进展情况，了解其课题进展过程中出现的困难，及时为其提供帮助。青年的选题与工作息息相关，通过一年的研究，解决了实际工作中遇到的困难，不仅提高了青年的专业水平，还填补了通信部专业建设的空白，提高了通信部的专业能力，提升了青年的创新水平，促进科技成果转化。

在丰富青年创新成果储备方面，十名青年利用为期一年的时间，根据自己的工作业务开展专业研究，并由研究员亲自指导，为每年度的“五小成果”“青年科技论文”输出优秀论文，并为申报“钱学森青年创新基金”提供素材。

此外，对于青年员工来说，“青年成长领跑计划”既能让其在忙碌的工作之余静下心来进行科学研究，又能促进青年与导师之间的交流，延续“传帮带”的优良传统。

团·品真谛

通信部团委于2017年开展了第一期“青年成长领跑计划”，在这一年时间里，大家共同见证了青年的成长。通过这项活动，团委充分意识到帮助青年积累知识以及提供成果展示平台的重要性。

团组织要帮助青年积累知识，提高科研专业水平，与时俱进，更好地做好航天生力军。在通信部每年繁重的科研生产任务下，要充分发挥青年生力军与主力军的作用，才能够有效地保障通信部的各项任务稳步推进。青年应该走出舒适圈，吸取老一辈航天人的经验，不断学习知识，开拓创新，坚持积累，提高科研水平，只有这样，才能够更好地建功通信部，建功航天。

团组织要为青年提供自我价值展现平台，激发青年更多的热情与激情，帮助青年建立信心。部团委要重视青年成果的宣传，给青年提供更多的舞台，让他们尽情地展示各项研究成果，让更多的人看到他们的闪光点，做到人尽其才、物尽其用。同时，团组织也要给予青年信心，使他们更好地发挥其自身长处、更好地投身于航天事业。

青年为航天事业注入新鲜的血液，他们有激情、有热情、有思想、有胆量，通信部团委要为青年提供更加新颖的平台，将传统的“传帮带”的培养模式和更加开放的培养方式相结合，培养更多更优秀的青年，传承文化、吃透技术、勇挑重担，为航天事业添砖加瓦。

Master 养成计划·职场总动员

◎ 宇航物资保障事业部元器件工程试验中心团支部

团·聚星火

2017 年，宇航物资保障事业部（以下简称物资部）面临繁重的型号物资保障任务，元器件工程试验中心作为物资部型号物资质量保证的主要力量，面临繁重的科研生产任务，同时也为青年快速成长成才创造了难得的机遇。在此背景下，试验中心团支部紧密围绕中心任务，以引领青年成长为出发点，积极开展 Master 养成计划·职场总动员团·品项目创建活动，为确保型号成功贡献积极力量。

Master 养成计划·职场总动员是以“发掘青年长处，弥补成长不足”为理念的青年人才养成项目，本项目以切实为青年解决问题为出发点，通过记录青年成长经历，制作青年成长技能卡片，充分挖掘青年潜力，提升青年能力，引领青年快速成长，开展一场空前绝后的职场总动员。本项目共分为四个阶段：

第一阶段是 Master Card 阶段，即发起征集令系列活动，向青年征集兴趣爱好、烦恼、心愿等，通过征集令，切实掌握青年思想动态；

第二阶段是 Master Rally 阶段，通过举办“年味”摄影大赛、“印记”相册制作等活动，充分调动青年的积极性和参与热情；

第三阶段是 Promote Program 阶段，通过举办“月度之星”评比、“青春答疑课”等活动，激励青年进步，解决成长烦恼；

第四阶段是 Master Blink 阶段，本阶段是团·品项目的总结阶段，在此阶段评选出一名优秀青年为“年度之星”，以此加速推动青春正能量在试验中心的传播。

团·踏征途

一、Master Card 之“团·品”总动员

为了让青年更加积极主动地参与到团·品项目中来，团支部召开了团·品动员会，简明扼要地介绍了本次团·品项目的目的以及对青年的意义；针对团·品项目的开展计划与内容，广泛征集青年的意见与建议，为充分调动青年积极性打下了良好的基础；通过开展兴趣爱好、工作烦恼、心愿树等征集令活动，为每名青年制作专属的 Master Card，切实掌握青年所思、所盼、所想，为有针对性地开展团·品项目，打下良好基础。

专属 Master Card

二、Master Rally 之“年味”摄影大赛

春节前夕，为在繁忙的科研生产任务之余营造“年味”，让干部职工感受家的温馨，同时在试验中心青年中发掘“摄影大咖”，团支部联合工会组织了以“年味”为主题的摄影大赛，号召大家把家乡的过年习俗用影像的形式记录下来，并将优秀作品遴选出来公开展示，“年味”十足。

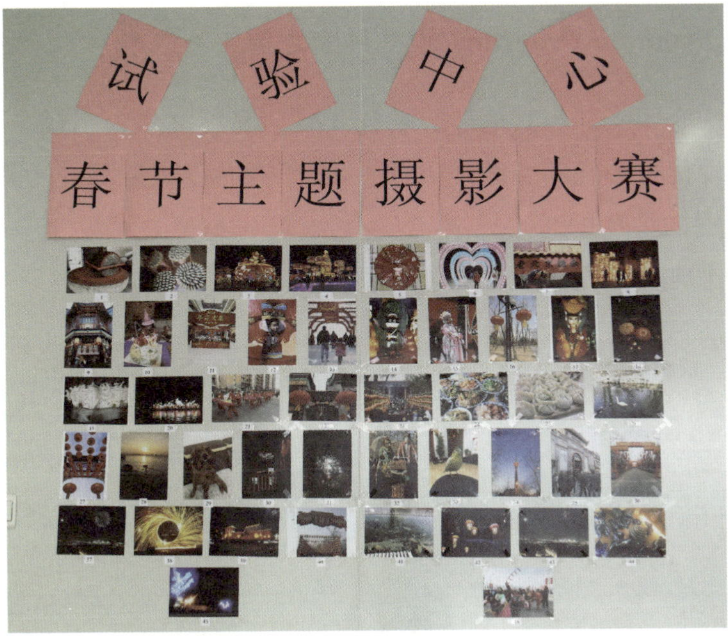

摄影大赛

三、Master Rally 之“印记”

繁忙的科研生产任务之余，团支部组织青年制作了“印记”相册，记录青年日常工作和生活中的点滴。每一期相册分别包含了青年想说的话、入职感悟、心愿以及生活诉求等内容。通过这种方式，一方面切实展现团支部青年的才艺，另一方面也更好地见证团支部青年的成长历程。

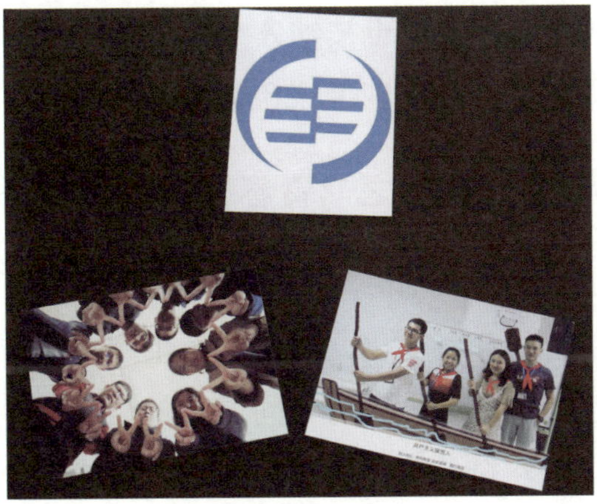

“印记”相册

四、Promote Program 之“月度之星”

试验中心团支部与其他部门联合开展“月度之星”活动，每月推选出当月表现优秀的青年。每月 20 日，以试验中心名义发布《关于表彰×月份“月度之星”的通知》，将被表彰人员先进事迹张贴至公告栏，以此表彰先进典型，充分激发青年热情。

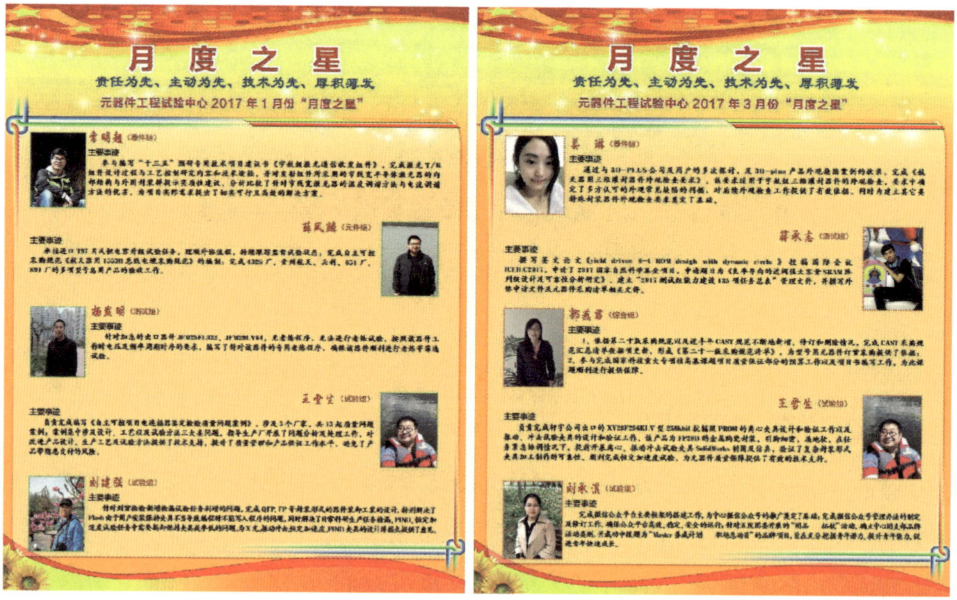

月度之星

同时，“月度之星”评比也被纳入绩效考核、后备骨干推荐和评优体系中，评比结果与员工的季度考核和年度考核直接挂钩。

五、Promote Program 之“青春答疑课”

团支部青年平均年龄 25 岁，作为走出校园时间不长的青年员工，面对从校园到工作岗位的环境变化，以及从学生到上班族的身份变化，很多青年都会心存迷茫和困惑：如何与同事相处，如何做好本职工作，等等，同时生活的压力也陡然提升。面对压力和烦恼，该如何摆正位置、调整心态是团支部青年成长过程中面临的一大难题。

针对青年成长的烦恼，团支部聘请了同级党组织的党支部书记为团支部团员讲授专题团课，进行答疑解惑。党支部书记从正确定位、树立目标两方面给出成长建议：正确定位要基于自身条件，明确自己的处境和首要任务；树立目标要结合自己的定位，规划未来的发展方向，这样才能在面对未来的诸多可能性时做出自己的正确选择。

团·拾趣闻

“我要瘦成一道闪电”

团支部有一个年轻小伙子，学生时代是个“小帅哥”，但是自从参加工作以后，由于饭量的增长以及运动量的减少，很快就变成了一个“小胖子”。作为曾经的“小帅哥”，现在的“小胖子”是苦恼的，在参加团·品项目时，他发自内心地呐喊出“我要瘦成一道闪电”的口号。

减肥的征途并没有想象的那么简单，他也曾想过放弃，可每当受到大家的鼓励，他便重新坚定信心，也正是因为一路上有大家的相伴，才使得减肥的旅途变得不再漫长无聊。现在，小伙子已经从 230 斤减到了 140 斤，从他每日挥洒的汗水中，也从他制定的饮食计划里，我们见证了他的坚持与成长，那句“我要瘦成一道闪电”再也不是玩笑，而是他内心对于健康的渴望。

减肥大业结束了，团支部青年的故事才刚刚开始。

团·传捷报

Master Blink 之“盛夏的果实”

2017 年以来，试验中心完成了近千万只元器件的质量保证任务，圆满完成了以嫦娥四号为代表的型号物资保障任务；试验中心先后有 1 名青年荣获“集团公司优秀共青团员”称号、1名青年获集团公司青年“五小”成果评比三等奖、2名青年获院级表彰，10余名青年获部级表彰，成绩得到了充分肯定。

同时，团支部以物资部宇航物资保障团员先锋队创建为契机，在青年中营造了健康向上、生动活泼、勇于担当的良好氛围，广大青年积极投身到型号物资质量保证工作中，为确保型号任务圆满成功添砖加瓦，逐渐成长为可以独当一面的Master！

物资部宇航物资保障团员先锋队

团·品真谛

一、以“印记”相册记录青年成长

写下心愿，记录点滴，记录成长。通过“印记”相册这种青年喜闻乐见的活动参与方式，提升了青年的参与热情，吸引青年积极参与到相册的制作中，用“印记”相册记录自己的成长，为青年参与团·品项目营造了一种活泼愉快的氛围，也给团·品项目的开展增添了不少乐趣。

二、以“答疑解惑”助推青年成长

“谁的青春不迷茫”，青年初入职场，有迷茫、有困惑，很正常。团支部通过邀请党支部书记、班组长等“过来人”为初入职场的青年员工答疑解惑，多维度搭建青年交流互动平台，让青年找准目标、把握方向，才能更好地解决青年的成长烦恼，更好地助推青年岗位成长。

三、以“评比表彰”激励青年成长

围绕中心，选树典型，服务大局。通过开展“月度之星”评比表彰活动，评选出一批奋斗在型号物资质量保证一线的优秀青年员工，使青年工作紧密围绕中心工作开展，通过号召试验中心广大青年向先进青年典型学习，能更好地激励青年快速成长成才。

未来，试验中心团支部将继续加强团·品项目的宣传力与影响力，从带动青年开始，心系航天，筑梦未来，传承和发扬航天“三大精神”，为建设航天强国贡献源源不断的青春智慧和力量。

“团创-青新”团队培育行动

◎ 总装与环境工程部总装技术研究室团支部

团·聚星火

十三五期间，航天器型号总装呈现任务高度密集、技术状态日趋复杂、技术跨度大、工程实施难度大的新形势，同时青年对成长成才的愿望十分强烈。新形势对我们提出了新要求，需要我们强化技术引领、创新驱动发展，实现人员零增长形势下的员工降本增效，中心业务与青年团队协同发展。

围绕总装与环境工程部总装技术研究室改革发展实际，切实掌握青年思想动态及所需所盼，着眼实现确保全年型号任务圆满成功、助推院快速健康发展的核心目标，准确把握新时期青年的特点和需求，团支部倾力打造实践创新品牌项目：“团创-青新”团队培育行动，以品牌项目引导青年、凝聚青年，充分发挥青年的生力军和突击队作用。

团支部着力打造航天器总装工艺与装配检测团队“创新”平台，具体举措，可以概括为“1234”，即建立 1 项评比机制、打造 2 大青年讲台、举办 3 大青年赛事、强化 4 层级青年培训体系，着力打造一支技术过硬、勇于创新的青年队伍。

我们的目标是，以“团创-青新”团队培育行动为载体，引领青年创新创效，打造一支年轻精干的青年团队，最终通过团队的融合创新，建立起一个创新型的组织。

团·踏征途

建立青年创新团队评比机制，团支部制定了《总装技术研究室创新团队评比办法》。团支部的创新团队评比，由团支部组织，每个季度评选一次，评选范围为新技术突破、新业务拓展、重大课题研究、创新平台建设等领域的创新成果。以团队的形式报名参评，每期设置金、银、铜奖团队若干，并予以奖励。团支部的评选活动也被撰文刊载在《中国航天报》上。

打造“山泽论坛”“技术沙龙”两大青年讲台，每个月各举办一次，通过“走出去，请进来”，实现知识成果共享，激发青年创新思维。“山泽论坛”邀请部内外的青年技术骨干上讲台做技术交流，“技术沙龙”则是针对专业实验室的研发工作做前沿技术内部分享。

团支部举办的三大青年赛事，包括青年创意大赛、工艺设计大赛、青年技能大赛，通过比赛增进交流，促进创新成果的推广与应用。青年创意大赛包括研究室新概念设计比赛、研究室 LOGO 设计比赛；工艺设计大赛目前举办了三维工艺设计大赛；青年技能大赛是针对团支部精度测量技能人员设计的，为青年技能人员提供一个成长平台。

《总装技术研究室创新团队评比办法》手册

总装技术研究室
Spacecraft Integration Technology Division

青年创意大赛确定的研究室 LOGO

建立“大拿指方向、首席画蓝图、骨干论实践、青年露锋芒”的四层级青年培训体系，不断促进青年知识体系更新。“大拿指方向”就是邀请国内外知名专家为我们探究领域前沿；“首席画蓝图”就是邀请型号总师、专家为青年挖掘专业深度；“骨干论实践”就是邀请部内外技术骨干为青年透视业务精髓；“青年露锋芒”就是请青年员工上讲台试论我之初见。

“团创–青新”团队培育行动团·品项目更新理念、大胆实践，搭建有效平台、运用新颖载体，引领广大青年解放思想、创新创效，为推动改革发展贡献力量，取得了显著成效。

三维工艺设计大赛

团·拾趣闻

团支部打造实践创新品牌项目活动，秉承把脉青年特点、载体新颖、平台多元、形式鲜活的出发点和原则，真正走进青年内心、助力青年成长。

2018 年 6 月 2 日，团支部举办了一场主题为“乐享六一，放飞梦想”的趣味系列活动。

早上 8 点 40 分，30 多名职工及其家属共计 100 余人来到中关村森林公园，每个人脸上热情洋溢，对接下来的活动充满期待。此次活动以家庭为单位，协作共同完成，设有小孩大勺、背靠背夹球、两人三足等三项趣味运动项目。

“乐享六一，放飞梦想”活动

首先进行的是小孩大勺项目，小朋友在起始位置用大勺托住乒乓球在指定路线上行走，在终点处与家长完成接力，各组家庭相互协作，配合十分默契。紧接着的背对背夹球项目更是妙趣横生，现场笑声、掌声、欢呼声不断。在两人三足活动中，有的一家三口齐上阵，有的大手牵小手一步一步坚持抵达终点，场面温馨有爱。整个活动充满趣味性，过程中各参赛家庭争分夺秒，现场气氛热烈，留下了很多精彩的瞬间。

这场别开生面的趣味活动放松了大家的心情，互相增进了感情，充分展示了团支部团结协作的精神，让大家以更加饱满的热情、更加充沛的精力投入到接下来的工作中。

团·传捷报

团支部倾力打造的“团创-青新”团队培育行动，紧扣“履行新使命、创造新辉煌”型号工作主题，形成融入中心、誓夺成功的有力举措，引导青年在技术攻坚、技能比拼、质量提升等方面有所作为；围绕研究室改革发展实际，更新理念、大胆实践、搭建有效平台、运用新颖载体，引领广大青年解放思想、创新创效，取得显著成效；切实掌握青年思想动态及所需所盼，在青年思想引导、岗位成才、能力提升等方面有切实可行的举措。

团支部青年依托实践创新品牌项目和平台，取得了一系列优异的成绩。项目团队年均申报技术创新成果近 30 项，孵化出以机械臂精密装配系统、大型智能包装箱监控系统、零重力试验技术等重大技术成果 10 余项，有效地支撑了型号研制。同时课题申报取得突破，国家自然基金、国家重大专项课题数量在部内名列前茅，创新引领的效果日益明显。型号技术队伍对“十三五”期间载人航天、探月工程、北斗导航等国家重大工程的支撑能力得到加强，攻克了一系列制约型号研制过程的关键难题，有效地支撑了“三大工程”建设。三维结构化总装工艺系统的成功上线应用，不断刷新着总装工作效率，创造了空间站核心舱大型设备安装、新一代载人飞船贮箱安装一次成功率达 97%以上等新纪录。机械臂精密装配系统成功应用于总装一线，在提高智能化装配水平、装配精度和效率的同时，还有效地规避了设备磕碰等质量事件发生，助力提升质量工程。同时，团支部团队在智能总装生产线建设方面，主动作为，集智攻关，取得了较好的成果和一定的竞争优势，为创新引领工程注入了力量。

团·品真谛

团支部倾力打造的实践创新品牌项目——“团创-青新”团队培育行动，成功地使青年迅速成长为研究室科研生产的骨干力量，青年的创新成果有效地支撑了研究室“保成功、促发展”两大中心工作，成功地打造了一支年轻精干的青年团队，并通过团队的融合创新，建立起了一个创新型的组织。

重视项目实效。团支部打造的实践创新品牌项目，紧密结合中心任务，将“团队”培养的工作落到实处，是支部增强活力、扩大影响力、提升战斗力的行之有效的方法。

聚焦关键关节。团支部实践创新工作切实掌握青年思想动态及所需所盼，在青年思想引导、岗位成才、能力提升等方面有切实可行的举措，形成心事有人懂、成长有人领的有效机制，准确把脉青年特点，载体新颖、平台多元、形式鲜活，富有时代特色、航天特点和团青优势，深受青年喜爱。

坚持问题导向。团支部实践创新工作坚持问题导向、结果导向并满足青年需求，实践项目源于青年需求，实践过程青年乐于参与，青年在本项目中成为实践创新的主体，能够较好地推动实践创新。

突出正面引导。团支部强化正面引导，要求青年把吃透技术本质、攻克技术难关作为一种职责、一种习惯，把支部青年的战斗堡垒作用体现在确保型号成功上。

锁定品牌目标。团支部实践创新目标清晰，就是要通过实践创新，打造一批具有一定部门特色的品牌活动，只有打造品牌，实践创新才有持续的生命力。

总装与环境工程部总装技术研究室团支部倾力打造实践创新品牌项目的目标基本实现，成效显著。

“新青 3+”计划

◎ 西安分院重点实验室团支部

团·聚星火

目前，青年人已经成为航天领域的生力军与主力军，其思想与技术能力直接关系到航天事业的发展，但随着社会的高速发展，“以个人为中心”“价值追求和趋向模糊”“缺乏团队意识”等现象阻碍着青年的发展与成才，也影响团队创新战斗力。因此，西安分院重点实验室团支部提出了助推青年成才多元化创新方法项目，借助多元化手段开展多样性的青年人思想道德和综合素质的提升活动，通过创建和推广“新青 3+”计划，实现发动青年、聚集青年、纠正青年“三观”的目标，树立正能量的航天青年榜样，为党、团及技术创新工作起到推动作用，力争培养思想和技术能力“双过硬”的复合型青年人才。

提升青年文化素质是“新青 3+”计划的基础，不能只采取传统方式，要以信息化时代特点来开展工作，在青年团体中营造良好的文化、正能量的学习氛围，并取其精华，实现在轻松气氛中对思想和价值观的重新认识。

新时期的青年人要不断提高思想道德修养，增强社会责任感，树立榜样和楷模意识，但也更需要我们利用多元化的方式，为青年人自身道德理念的展示搭建平台。

在文化和思想道德提升的基础上，我们特别要对青年人进行正确的实践创新指导，把拼搏精神、创新干劲等体现在中心工作中，实现“新青 3+”计划的升华。

团·踏征途

一、多元化方式提升文化素养实践（计划启动阶段）

设立“读书角”，团支部采购书籍供大家学习。同时为鼓励青年多读书、读好书，团支部开展“青年好书推荐”的活动，每一两个月进行一次评选，为“优胜者”购买其购书清单上的书籍，鼓励青年以多媒体形式总结心得体会，并在支部交流，通过这种方式使青年养成良好的阅读习惯；在多媒体教室放映正能量“大电影”，引导青年的价值观，为青年正确“三观”的树立提供理论基础保证。

读书会活动

二、多元化方式提升思想道德素质实践（计划提升阶段）

团支部通过开展道德讲堂，邀请相关领域知名专家讲道德、论法

“大爆炸”书库

治，帮助广大青年树立正确“三观”；每季度鼓励青年人参加“青年小讲台”，以 PPT、动画等形式传播“正能量”，通过自身经历，论述道德体系价值和国家发展，也可以抒发对党、国家和航天事业的点滴情怀和未来畅想；建立微信交流平台，定期发布好人好事或社会热点正能量题材案例，引导青年人树立正确的价值观，推动青年员工思想素质再提升。

道德讲堂

三、多元化实践创新方法活动（计划推广阶段）

建立青年模范岗示范承诺卡，将承诺卡展示在橱窗中，使得青年员工以承诺的方式规范自身行为；以团支部名义号召青年员工成立“爱心车队”，招募新时期的“雷锋司机”，通过“接力”“轮换”的方式接送有困难的职工上下班，年终评选出“十大模范雷锋司机”，颁发奖状以资鼓励；开展员工结对子，在部分青年人中选结对子，通过榜样帮忙，实现共同进步；开展技术创新架桥，提升团队合作和奉献精神，鼓励年轻人将自己的研究成果与同事及其他部门技术人员分享，鼓励分享创新方法和经验，搭建学术交流的桥梁，推动和促进技术融合；开展征文活动，鼓励年轻人以文字、图片、视频等多样化的形式将自己对国家、社会和航天事业的热爱表达出来。

青年沙龙

团·拾趣闻

团支部组建了一支由青年员工构成的“爱心车队”，招募新时期的“雷锋司机”，其主要任务为通过“接力”“轮换”等方式接送有困难的职工上下班，特别是怀孕女职工、受伤员工及出行不方便的老员工。在文化和思想道德教育的基础上，用实践创新的方式来指导青年员工树立正确的价值观，发挥自己的光和热，发扬雷锋精神。

爱心车队

考虑到每位司机上下班行车路线不尽相同，团支部根据有困难职工和青年司机路线的重合度情况，为每名困难职工指派了相应的司机，如果出现几名司机都可以接送的情况，在保证大家积极性的同时，又考虑到出差、加班等因素，采取每周轮换制度。在拍摄部门《大事记》的时候，团支部的年轻司机纷纷“出镜”，在镜头前分享作为爱心车队成员这一年来的感受，大家话语中透出的那份荣誉感与自豪感，让团支部更加坚定了继续开展这项活动的必要性，也说明绝大多数青年人能发扬雷锋精神，献出自己的一份爱心。通过“爱心车队”活动的开展，团支部青年的集体责任感和荣誉感不断增强，向着时刻体现和传播正能量的优秀年轻人目标不断迈进。

团·传捷报

团支部在团·品创新活动的推动下，实现了党建带动团建，团建支撑党建的良好局面。在“两学一做”教育实践活动的贯彻和落实的重要时期，号召青年党员发挥“比学赶超”的精神，完成了“两学一做”教育实践活动所规定的全部内容，使青年人深刻领悟了“学是基础，关键在做”的内涵，有效地支撑了党支部的工作。

团支部结合团·品项目各项内容，从文化、道德和创新三方面开展了多项活动。在文化素养方面，设立“大爆炸”书库，大力增加书库的广度和深度，开展切合青年所需、所想的多项丰富的读书活动，通过“知识小竞赛”等活动激发员工的积极性。在思想道德方面，团支部开展“青年道德讲堂”“微信交流平台”等活动，达到提升青年人整体思想道德素质的目的，让青年员工将航天精神融入到个人观念中。在实践创新方面，团支部注重“做”，通过“爱心车队”“为孕妇送温暖”“技术创新架桥”及“红色照金”等实践活动，从思想上和行动上，为团员成为新时代“出彩”青年奠定基础。

以团·品作为激励点，2016—2017 年，团支部获得了丰硕的成果，共有 3 人次获得省部级科技发明二等奖，1 人次获得集团公司青年科技论文二等奖，1 人次获得“五院创新人”称号，2 人次获得五院青年科技论文三等奖，1 个班组获得西安分院劳动竞赛先进班组。

团·品真谛

鼓励青年员工冲在工作及奉献第一线时，精神和道德引领不可或缺。西安分院重点实验室团支部 35 岁以下青年 33 人，占部门总人数的 66%，在航天技术创新和基础研究中承担着重要角色。为了保证西安分院在“十三五”期间占领技术创新领域的制高点，西安分院重点实验室团支部通过开展“读书角”“道德讲堂”“爱心车队”等活动不断提升青年员工的道德素养，帮助他们树立正确的“三观”，在这些活动的开展过程中，将老一辈航天人无私奉献、孜孜以求的高尚精神穿插其中，使得青年人以高度的责任感和使命感投入到国家技术体系创新的第一线。

有效的激励机制是保证团支部活动及团·品活动顺利开展的保证。西安分院重点室团支部为了更好地开展支部活动及团·品活动，不仅在内容和形式上贴近青年需求，还引入了有效的激励机制。例如在爱心车队活动中，每年颁发“雷锋司机”荣誉，虽然没有物质奖励，但对大家也是一种肯定，保证了活动的可持续性开展。西安分院重点实验室团支部在团·品活动的基础上，形成了多项论文及发明成果，多名青年获得各类荣誉8项，为青年员工在工作中不断向前提供了激励性的力量。

亮 青 春

◎ 动力行政保障部团委

团·聚星火

动力行政保障部共有员工400余人，其中青年占到了总人数的52%，青年的发展对于动力行政保障部的整体发展至关重要。动力行政保障部团委以青年的特点和需求为出发点，以培养青年英才、争做青年先锋、打造一流品牌、助推部门发展为目标，以闪亮青年风采、点亮青年智慧、照亮青年内心为主线，为青年成长成才搭建舞台、引导方向。经过多轮次讨论、商议，部团委最终确定以“亮青春”作为团·品实践项目，力求多角度展现保障部门青年的闪光点，团结带领部广大青年抓住机遇，提升能力，快速发展，在行业内保障类单位中走在前列，争做排头兵，在追逐“中国梦，航天梦”的伟大实践中创造新的业绩。

“亮青春”品牌打造主要通过以下几种途径实现。一是举办青年创新论坛，加强创新、创效活动的业务指导，激发青年创新热情，同时依托各类职业技能竞赛及班组建设，在青年员工中形成“比学赶帮超”的良好氛围，培养工匠精神；二是成立“助航”青年志愿服务队，开展多样的志愿服务活动，增强青年的社会责任感；三是通过举办各类主题活动，带领青年“走出去，请进来”交流学习，强化青年光荣感和使命感。通过以上“三管齐下”的形式，使广大青年树立“大国工匠”精神，紧随部门发展，融入时代洪流，为院成为航天事业引领者添砖加瓦、保驾护航。

团·踏征途

紧密围绕科研生产保障任务这个中心，“亮青春”实践项目以发展为主题，以创新为动力，通过开展各类活动引导青年、教育青年、服务青年，展现青年风采，促进青年岗位成才，将广大团员青年的思想和行动统一到完成中心任务上来，把智慧和力量落实到快速发展的道路上来，带领广大团员青年坚定信心、努力学习、立足岗位、勤奋工作、锐意进取，用青春、智慧和热情共创动力行政保障部美好的明天，为实现“中国梦”“航天梦”贡献自己的青春力量。

“亮青春”实践活动开展以来，切实以为青年谋福利、响心声、创发展为出发点，赢得了青年们的高度认可和热情参与，不仅使青年们在思想、学习、行动上明晰了个人发展方向，更提高了个人价值和部门发展的匹配性。其成果主要体现在以下几个方面。

一、青春启程——亮智：内强素质，培养工匠精神

“亮青春”项目为动力行政保障部青年的成长成才明确了目标，搭建了个人展示的舞台。工作时，青年们有师傅的带领、系统的培训、各

日常维修

级比赛的拔高促优；生活中，组织的关怀和帮助也有了更贴切、更生动的体现。一点点的培育、一次次的锤炼，培养了动保一线青年追求耐心专注、精益求精的工匠精神，有更多一线青年员工都在院级、集团级、北京市级获得了专业相关荣誉和奖励，涌现出一批先进集体和个人的青年代表，在团员青年中产生了较强的辐射带动作用。

消防演练

二、青春成长——亮行：外树形象，体现青年担当

“奉献、友爱、互助、进步”的志愿服务精神也是“亮青春”项目的重要着力点，在引导团员青年提升自身素质和自身能力的同时，也自觉履行青年所担负的社会责任。保卫消防保障中心团支部的“深蓝”志愿者服务团队每个季度都开展学雷锋活动，在航天城社区获得一致好评；供配电保障中心团支部定期赴颐兴敬老院开展志愿者服务，陪老人聊家常、检修电路安全，用老人们喜闻乐见的方式带去欢声笑语。部团委更是和张家口崇礼县留守儿童寄宿小学建立了帮扶关系，给偏远山区的孩子们讲授了生动的航天科普课……一次次“常态化”“接地气”的志愿服务活动，为青年践行社会责任搭建了平台，使青年受到了群众的信任和肯定。

敬老院合影

志愿者服务

三、青春绽放——亮心：跃动青春，展现青年风采

部团委举办多轮次、多视角、多形式的文体活动，如参观北大红楼、五人制足球赛、趣味运动会、平板支撑大赛、为单身青年举办创意联谊等活动，这些活动一方面使青年之间敞开心扉，不管是不是一个部

门、在不在一个班组，都能成为好战友，合力拧成一股绳，在思想、学习、行动上全方位统一起来；另一方面培养了青年健康的生活方式，增强了团组织的吸引力和感召力，为培育精诚团结的和谐文化，丰富青年精神生活、激发青春活力奠定了坚实基础。

参观北大红楼

联谊活动

团·拾趣闻

强化青年员工技能素养，培养航天工匠精神，是“亮青春”品牌中“亮智”的主要目标。作为一线技能员工占很大比例的保障部门，参加各类技能竞赛就是提升员工技能的重要途径之一。

一丝不苟工作中

2018年，暖通保障中心的王小春报名参加了第六届全国职工职业技能大赛工具钳工工种的比赛，这是他第一次参加全国级别的比赛。小伙子平时就严格自律，报名之后更是勤加练习，上班的工作间隙他在练，下班后别人都在休息，他依然在坚持操练，不断地重复枯燥乏味的动作。

作为一个喜欢热闹的90后，小春在枯燥的练习中找到自己的放松方法，那就是听一些节奏感强的音乐来调节情绪。在一次午休时间，或许是练习得太投入，小春突然随着耳机里的音乐喊了一嗓子，这一喊可把在场的同事们吓了一大跳。他呀，还以为自己在空无一人的环境中呢。最终，功夫不负有心人，小春取得了北京赛区第五名的好成绩。赛后，同事们纷纷逗他，是不是应该支付一些“惊吓费”，朴实的小春不好意思地摸摸后脑勺，以哈哈大笑来回应调侃。

在一片笑声中，我们真切地看到了青年员工绽放的青春光彩，也深刻地感受到了来自他们内心向上的力量。

团·传捷报

“亮青春”项目开展以来，广大团员青年在与动力行政保障部的同步发展中坚定信念、勇担使命，在竞争的浪潮中奋力拼搏、锐意进取，在发展的沃土上茁壮成长、成就梦想。

点亮青春智慧，促进青年成长，各级团组织及优秀青年取得了优异成绩。部团委被评为集团公司 2016 年度“五四红旗团委创建单位”；供配电保障中心团支部先后荣获“五院第一届青年安全生产示范岗”“五院共青团员先锋队”“五院先进团组织”称号；保卫消防保障中心团支部荣获海淀区“先进团支部”“2015—2016 年度五院先进团组织”称号；保卫消防保障中心七班荣获“集团公司第九届青年安全示范岗”及“五院第二届青年安全示范岗”称号。有多名同志分别荣获“集团公司优秀共青团员”“集团公司青年岗位能手”“五院青年岗位能手”、海淀区“义工之星”“五院优秀共青团干部”“五院优秀共青团员”等称号。

闪亮青春风采，搭建青年舞台，拓宽青年快速成长发展通道。暖通保障中心在优秀青年刘媛的带领下，先行 QC 小组、净化 QC 小组、火卫 QC 小组先后荣获“航天工业 2017 年度先进质量管理小组”称号，净化 QC 小组荣获“第十八届全国 QC 小组成果”一等奖、“2018 年全国优秀质量管理小组”和“五院 QC 小组活动成果”优秀奖，她本人也获得了院第六届“十大杰出青年”称号，这些成果的取得，有效地增强了团队凝聚力和战斗力，激发了青年勇于担当奉献的情怀。

同时，依托部班组对抗赛、职业技能竞赛等活动开展青年岗位大练兵并实现知识转移，充分调动了一线青年员工的积极性和创造性，为岗位成才提供了智力支持。

团·品真谛

一、凝心聚力开新局，砥砺前行创佳绩

“亮青春”团·品项目的立项和发展始终以青年成长成才为出发点，从“亮智、亮行、亮心”三步实现点亮智慧、闪亮风采、照亮内心的效果。青春启程——“亮智”，帮助青年拓展知识、学习技术，聘请行业内专家指导青年创新创效；青春成长——“亮行”，通过“形势任务教育”“青年达人秀”等活动引导广大青年提升觉悟，搭建展示自我的舞台，打造激情满怀、团结奋进的团队；青春绽放——亮心，通过实地参观、“团的知识我知道”知识竞赛、超龄团员退团仪式等活动强化使命感，通过多项志愿服务践行社会责任，体现航天青年的良好风貌和责任担当。

二、愿有事业可回首，且以深情度芳华

“亮青春”项目从2015年开始立项，至今已有四年。四年间，日升月落寒暑往来，动力行政保障部两届团委承续使命，从青年的特点和需求出发，全方位关爱青年，各项工作更加贴近青年、更加追求实效。四年间，披星戴月栉风沐雨，动力行政保障部多少懵懂的青年经过培养和历练，如今已成为奋战在保障一线的行家里手，“亮青春”项目的意义已然体现。

回首过往，点滴积累的创建历程依然清晰；展望未来，动力行政保障部青年终将以更闪亮的青春，投身科研生产保障，成为构建“中国梦，航天梦”不可或缺的力量！

青春聚组

◎ 510 所团委

团·聚星火

随着航天事业的快速发展，航天企业选人用人的标准逐渐提升，入职青年职工以硕士、博士为主，青年逐年增多，团员逐年减少，团青比例大幅下降；航天任务重、压力大，青年职工每天忙于工作，业余时间较少。在这种情况下，如何提升团组织的吸引力和凝聚力？如何扩大团组织的覆盖面？如何破解航天企业发展过程中出现的团青比例降低的问题？这些都是团组织亟需解决的问题。

2016 年是共青团工作全面深化改革的关键年，恰逢 510 所组织机构调整，打破了运行数十年之久的“二元结构，一元管理”的模式，团员青年的分布也面临不均衡的新情况，有的团支部的组织模式已经不能完全适应当前的发展，有些部门团员人数不足 3 人，不具备成立团支部的条件，而根据以往的工作经验，跨部门联合支部的方式不利于党建带团建作用的发挥和工作的开展。

带着以上问题，510 所团委深入贯彻落实中央《关于加强和改进党的群团工作的意见》精神，通过走访调研、访谈交流等方式，开展了共青团和青年工作的方式方法的探索和调研，以期通过组织模式创新，增强团青工作的影响力和覆盖面，进一步让团青工作“融入业务中心、融入青年内心”，最终在五院共青团系统内首次提出了“青春聚组”的工作模式。

团·踏征途

方向既已明确，510 所团委迅速启动了实施工作，“青春聚组”正式踏上征途，项目的实施初步分以下三步开始实施。

第一步：广泛调研、充分酝酿

作为五院共青团系统第一家提出该想法的单位，没有经验可以借鉴，我们必须要从头开始，探索出一条符合《团章》相关要求，符合所团青工作实际的道路。在此过程中，510 所团委多次与院团委沟通交流，院团委充分肯定了这一想法，并给出了中肯的建议。在随后的调研中，510 所团委查阅了大量资料，参考了中国宝钢、中核集团等其他系统在共青团改革方面的做法，深入实地，同国家开发银行兰州分行、中核兰铀等具有类似情况的团委进行沟通交流，形成了一个初步思路——打破原有团支部划分方面的桎梏，结合所组织机构调整后的单位构架，以单位为基础创建团青小组，将团青小组作为青年活动最基层的单位，再按照业务领域关联、团员青年分布等实际情况，将若干团青小组合并为一个团支部，团支部是开展各类选举等工作的机构，确定了“‘团’字明确组织定位，‘青’字彰显工作内涵”的工作定位。2016 年 3 月，510 所团委正式向五院团委提出了《关于创建 510 所团青工作小组的请示》。

第二步：建章立制、夯实基础

在收到五院团委“同意”字样的批复后，510 所团委在所党委和各党支部的大力支持下，大刀阔斧地开展了团青工作小组的换届改选工作。在改选之前，我们和各党支部书记进行了充分的沟通，本次机构的设置，打破了运行数十年之久的联合团支部模式，与党支部设置基本保持了一一对应的方式，更加有助于“党建带团建”作用的发挥和团干部开展工作，这一思路得到了广大党支部书记和团干部的大力支持。2016

年4月，我们开展了团青工作小组的组建、选举工作，通过本次的调整，共组建了8个团支部，23个团青工作小组。

第三步：巩固提升、不断完善

接下来，就是团青工作小组“大展拳脚”的时候了。我们重点开展了以下几方面的工作。

（一）“聚能”行动——加强团组织自身建设

把团青组织建到青年中去，进一步加强团组织建设。充分利用地方资源，为团青小组搭建更多活动阵地。通过“团干加油站”“流动团委委员”等工作机制，进一步提升团干部工作能力。

（二）“聚力”行动——搭建青年成才工程平台

通过“落实责任、压担子；搭建平台、拓通道；严格考核、促进步”三方面，我们创造性地提出了“各单位承担的研究创新、产品创新和产业创新等科研项目提出的项目队伍建议名单，必须要包含青年责任人”的想法，这一提法在组织层面给予青年员工发展机遇，以激励员工在本年度员工的职称评定、年底杰出员工评选方面都把“是否作青年责任人负责项目”作为一个很重要的考核指标。自平台搭建以来，70余名青年作为青年责任人或直接责任人承担重要科研项目，在电推进、电场仪等重点研究领域发挥了重要作用，青年核心能力得到大幅提升，申报成功6项五院杰出青年人才基金，50余人次获院级及以上荣誉，青年成才工程效果显著。

（三）“聚心”行动——凝聚青年发展共识

团委成立了510所青年展厅宣讲团，给青年职工提供广阔的平台，让青年为来访参观的领导、社会团体进行宣讲，一方面为所内外联工作贡献了力量，更重要的是促进了青年职工对所的发展历程、企业文化、技术能力和发展思路的认识、认同，让青年职工成为所历史的传播者和践行者。

青年成才工程启动仪式

青年志愿宣讲团

（四）“聚爱”行动——关注青年发展细节

在这项工作中，我们广泛开展“对内、对外”两级温暖活动，让青年职工感受爱、传递爱。

“志愿精神光耀神州”绣旗活动

团 · 拾趣闻

“青春聚组”的一项活动即成立“510 所展厅志愿宣讲团”，通过志愿宣讲团，让青年职工更好地了解 510 所的发展历程和产品特点，从而增加青年职工的归属感和使命感。这项活动得到了所领导和广大青年职工的积极响应，报名人数远远超过了预期。

宣讲团成员认真参加培训

宣讲团刚刚成立，就接到了一个重大的任务——2017 年“航天日”的宣讲工作，当天将要接待来自兰州市相关中、小学师生 200 多人，时间紧、任务重，对于刚刚接触这项工作的年轻人来说，这是一个巨大的挑战，不仅要把所的历史和专业讲清楚，510 所十多个专业、几十余类产品，除了自己的专业，大家对其他的专业、产品知之甚少，要把这些自己都不太熟悉的复杂专业讲得通俗易懂的确很难。面对这个问题，在首次承担任务时，宣讲团采用了多名讲解员分阶段讲解的方式，大家利用每天中午、晚上的时间来到展厅练习，一遍遍熟悉产品特点，力求讲解得生动活泼，在熟悉一个个产品的过程中，宣讲团的成员们也对所里的产品有了更深刻的认识。

市场处领导为宣讲团成员授课

活动当天，宣讲任务圆满完成，来自孩子们的掌声和赞叹是对宣讲团成员最好的肯定。

“首秀”之后，大家对各自讲解的内容进行了分享交流，形成了宣讲团讲解的完整“脚本”，在这个基础上，大家进行了进一步的巩固提升，在一次次的实践锻炼中，每个人都成了可以独当一面的讲解员。

初露锋芒

团 · 传捷报

“青春聚组”项目自实施以来，用更加灵活的方式扩大了团青工作的覆盖面，为更多不同战线的青年职工提供了平台和机会，先后被院评为“十佳团品项目”和“旗舰项目”。

“青年成才工程”是团青工作小组两年来持续推进的一项重要工作，充分调动了各单位、事业部领导和青年职工的积极性。通过这一方式，已经挖掘、选拔了数十名青年骨干担任了所内具体项目的青年责任人，为广大青年职工提供了前所未有的发展机遇，极大地提升了青年职工的获得感和成就感，并在青年职工的职称评定、评奖评优方面给予了实实在在的帮助和支持。两年来，数十名青年脱颖而出，荣获了“中央企业岗位技术能手”“甘肃省五四青年奖章”等各类荣誉。

“团青小组”灵活的特点，使具有同一爱好、特长的青年职工“团聚”在了团组织的“身边”，成立了 510 所展厅志愿宣讲团、“飞天逐梦”青年志愿服务队、510 所文艺宣传队、足球队、篮球队等数十个青年组织，并由具有一定特长的团青工作小组牵头管理。这些队伍在丰富青年职工生活的同时，也取得了一系列荣誉，获评“甘肃省优秀志愿服务奖”等荣誉称号，与甘肃省科技馆等单位联合开展活动，进一步展现了航天青年的精神风貌，提升了510所的知名度和美誉度。

团·品真谛

“青年聚组”项目的初衷就是“要把团青小组建到青年中去，哪里有青年，哪里就有我们”。

要达到这一目的，首先要做到了解青年的实际情况，找准当前制约团青工作开展的主要原因，急青年所急、想青年所想，通过组织的力量为青年搭好平台、建好桥梁。其次，要让团青小组的作用落到实处，除了510所团委的不懈努力，更离不开上级团委和各基层党组织、单位部门的关心、支持。一直以来，上级团委和所党委高度关心青年成长成才，通过专项培训交流、专题座谈会等各种方式，听取青年工作汇报，对畅通青年发展通道、解决青年员工的实际困难提供了有力保障。在开展具体工作时，所团委同所办公室、人力资源处、保密处、研发处等各业务部门进行了充分的合作，将他们的“资源”转化为青年职工实实在在可以“摸得着”“够得到”的资源。以“青年成才工程”为例，这项工程就是团委提出方案，人力资源处具体实施的典型活动，将项目的结果同青年职称评审、评奖评优挂钩，极大地调动了青年的积极性。最后，团青小组能比原有的联合团支部模式更好地发挥作用，很大程度在于充分发挥了“党建带团建”的作用，在开展工作时，要充分发挥好各级党支部的作用，给予团青工作更多、更好的支持。

“新视界”行动

◎ 512 所新媒体中心团支部

团·聚星火

512 所新媒体中心团支部隶属于航天新媒体中心，同时，团支部还是五院官方新媒体共青团员先锋队，主要负责用户部门官方网站、微信采写运维，以及相关重大宣传活动的宣传策划与新闻采写，先后完成“天宫二号”“神舟十一号”“天舟一号”、导航年会等多项重大活动的宣传任务。这是一支专业过硬的新媒体队伍，为航天事业的新闻传播贡献青春力量。

“新视界”行动主要包括三个方面的含义：一是拓展“我们的新视界”，提升团支部青年业务水平，开拓专业视野，从而推动团队整体业务素质的提升；二是拓展“中心的新视界”，助力中心积极拓展包括科普和展览在内的新型业务领域，努力实现转型发展新突破；三是拓展“青少年的新视界”，旨在通过多种科普教育形式积极传播航天知识，弘扬航天精神，激发青少年崇尚科学、探索未知、敢于创新的热情。

在此基础上，团支部依托新媒体中心的科普资源和人才优势，通过“航天新声”“航天新舟”和“航天新蕾”系列活动，培养科普新生力量，打造航天科普品牌，激发青少年创新激情，传承航天精神，凝聚中国力量。

团·踏征途

“航天新声”，主要针对青年业务水平的提升，通过微信、微博和视频直播等新手段，向大众普及航天知识，发出航天“新声音”。在业务培训与交流方面，团支部邀请到《中国青年报》的资深科技记者、中国人民大学新闻学院教授等为青年讲授新媒体的采编技巧；结合培养计划，邀请科技委总师对新员工进行专业知识培训；鼓励青年积极参加多种职业资格培训，并取得相应资格证书；组织青年参观中国科技馆、军事博物馆和航天东方红研发中心等，拓宽知识面。在新媒体实践方面，围绕“天舟一号”发射和4月24日中国“航天日”两次重大宣传任务，青年们奔赴全国各地的活动现场进行宣传报道，包括海南文昌发射场、北京航天飞行控制中心、国家博物馆、神舟传媒录影棚、农业嘉年华和西北工业大学等，用高强度、高密度的新闻报道将中国航天带入大众视野，激发了人们对航天事业的热情。

青年采访联合国外空司司长迪皮蓬女士

青年采访航天员刘洋

“航天新舟”，即围绕中心发展目标拓展科普业务，团支部组织青年进行科普图书创作。活动主要分四步进行：第一步“提想法”，由青年提出科普图书创作的构想；第二步“请进来”，邀请有经验的专家对青年们进行科普文章写作的专项培训；第三步“走出去”，组织青年参加中国科协青年科普科幻文创活动，拓宽科普视野；第四步“出成果”，结合中心科普项目规划，组织青年参与科普图书的创作、编辑与出版。

“航天新蕾”，关注科普新对象，拓展科普新形式。青年们组成了一支“飞天科普演讲团”，先后走进北京香山小学、廊坊华航附属小学为学生们现场讲授航天知识，活动现场气氛热烈，孩子们对航天知识的渴望感染了演讲团的青年们。“小小太空工程师”是以打工子弟学校的学生为主要对象的一项航天知识竞赛活动，青年们协助编写了系列科普培训教案，并对学校的科技辅导员进行了培训，编写了竞赛题库、策划组织了知识竞赛，并邀请了戚发轫院士等出席颁奖仪式。同时，团支部注重创新科普形式，定期组织青年们前往多个科技展馆担任讲解员，向前来参观的小朋友们介绍航天知识，并邀请航天员加入科普队伍，扩大了活动的影响力。

戚发轫院士出席
“小小太空工程师”颁奖仪式

航天员陈冬在活动现场
回答小朋友提出的问题

团·拾趣闻

“新视界”行动中，最让青年们印象深刻的是与孩子们的互动与交流。

2017 年 4 月 26 日，为庆祝“中国航天日”，在 512 所团委的领导下，新媒体中心团支部在太空家园馆开展了“航天启航·携手成长”活动，吸引了20余个亲子家庭参与航天科普体验之旅，感受航天知识的魅力。在“启航号”影院内，家长和小朋友们共同体验了“迷你太空舱”科普课，老师仔细地为小朋友们讲解了太空蚕宝宝养育实验的条件与过程。游戏区域内，志愿者们围坐在小桌旁，陪小朋友们一起体验各项趣味游戏，在“小小航天工程师”拼图活动区，大家齐心合作，拼出太空飞船、火箭和卫星等模型；在“你的彩色梦想”活动区，志愿者与小朋友们一起DIY创意彩泥；在“播种航天梦”活动区，志愿者们带来番茄、樱桃等太空种子和幼苗，帮助小朋友们在小花盆里播种，并耐心讲解种子育苗和栽培的流程。太空家园馆内，志愿者向小朋友们讲解关于火箭家族、载人飞船、火星探测等科普知识，并帮助小朋友们体验宇宙速度装置、火星漫步等VR体验项目和“时空穿梭机”……青年们忙碌的身影成为活动现场一道靓丽的风景线。本次活动内容丰富、形式多样，获得了在场家长们的一致好评。青年们也纷纷表示，能够为小朋友们带去航天知识与梦想是一件非常有意义的事情，同时这次活动也增强了大家的责任心，体现了团支部的凝聚力。

青年志愿服务队合影

志愿者与小朋友互动

2017 年 5 月 26 日，应北京香山小学的邀请，团支部组织青年参加了学校的“航天新蕾 · 科普进校园”活动，为该校外来务工子女讲授航天知识，同时还向学校捐赠了一批《国际太空》过刊。活动之前，团支部邀请了新媒体中心有讲学经历的专家对青年主讲人进行了指导，编写了风格活泼、浅显易懂的教学讲义，同时确保了知识传授的准确性，以及术语、词汇的一致性。刚开始，当青年们站在学校的讲台上时，仍感到些许紧张和尴尬。看到小朋友们一排排、一列列、整整齐齐、腰板笔

认真听讲的北京香山小学学生

直地坐在那里，天真的表情和求知的眼神无需半点雕琢，青年们心里不禁油然而生出一种神圣的使命感。3 位青年主讲人分别以“航天——勇敢者的游戏”“卫星，远在天边；应用，近在眼前”和“导航卫星与野生动物”为主题，用生动形象的语言对航天知识进行了比较系统的介绍。一个多小时的讲座在不知不觉中结束，随后进入了互动环节。青年主讲人针对讲座内容对同学们进行提问，每一位答对的同学都会得到一个小奖品，同学们争相举手回答问题，现场气氛非常热烈。此次活动开展顺利，孩子们专注的眼神和热烈的掌声，让团支部的青年们深刻体会到了自身工作的意义。

团·传捷报

“新视界”行动开展以来，在研究所领导和同事的大力支持下，一系列活动顺利实施，取得了良好的工作效果。

一是提升团支部青年业务水平，开拓专业视野，推动了团队整体业务素质的提升。通过开展“新视界”行动，团支部组建了一支充满活力和凝聚力的青年科普队伍，形成了一系列专业航天知识科普讲义，并在此基础上不断实践和改进，使得讲学内容越来越系统化，为后续科普活动的开展奠定了较为坚实的基础。

二是服务中心工作，拓展业务范围。“新视界”行动的开展，符合新媒体中心从传统纸媒向新媒体业务转型的需求，进一步拓展了中心的科普业务，同时与展览展示业务联动，拓宽了中心的业务范围。

三是科普效果突出，活动成效明显。“新视界”行动既突出知识性、科学性和通俗性，又强调趣味性和新颖性，以深入浅出、风趣幽默的形式，与公众，尤其是青少年分享航天科技动态成果，展望未来发展趋势，介绍科学事件和知名科学家励志故事，弘扬科学精神。

2017 年年底，“新视界”行动荣获五院“团品·拓航”优秀项目，新媒体中心团支部荣获“五院共青团员先锋队”称号。

团·品真谛

“新视界”行动将团支部青年优势、中心资源和青少年需求紧密结合，打造了“我们的新视界”“中心的新视界”“青少年的新视界”同心圆，形成了层层辐射、由内而外的能量辐射圈。

在青年层面，创新新媒体服务形式，增强了团队合作意识，让“新视界”活动的正能量辐射到更多青年，助力青年成长成才；在中心层面，中心党支部、领导和同事大力支持团支部活动，整合中心优势资源形成合力，打造航天知识科普品牌；在青少年层面，以青少年感兴趣的航天知识为切入点，以“新展览+新课堂+新校园”为特色，全方位打造覆盖校园内外的航天科普平台，激发青少年崇尚科学、探索未知的热情。

“志之所趋，无远弗届，穷山距海，不能限也。”为了传授航天科普知识，让公众充分领略航天技术的奇妙和浩瀚太空的魅力，汲取科普园地的营养，弘扬航天精神，同时也希望吸引更多的青少年投身到航天事业中，共圆伟大的中国梦，新媒体中心团支部的青年们一直在努力！

青年共进联盟

◎ 518 所第四团支部

团·聚星火

518 所第四团支部团·品项目名称为“青年共进联盟”。第四团支部共有青年 45 人，均为年轻设计师。

随着型号任务的急剧增长与研制要求的逐步提升，所年轻设计师面临着技术储备不足、经验不够、能力亟待提升等问题，为有效解决这些问题，第四团支部以问题为导向，以团支部工作与研究室任务的结合作为切入点，立足 518 所“十三五”规划，以需求为引导，坚持服务青年的宗旨，经与所团委、所在党支部、所在部门沟通交流，提出了以“加强高校交流，发挥专业优势，开展科技创新”为主题的“青年共进联盟”品牌项目。该品牌项目的实施过程一是组织学术交流和培训活动将高校老师“引进来”，以活动拓宽青年员工的学术视野和专业技能；二是参加国内外会议和开展知识共享讲座，鼓励青年员工“讲出来”，提高青年员工的团队意识和分享意识；三是组织科技创新设计大赛以及多种形式的文体活动，将才能“秀出来”，进一步增强团队凝聚力和战斗力，同时也丰富团支部生活。

项目实施目标为：扎实班子基础，开展特色活动，搭建各式发展“舞台”，主动服务研究室的科研生产，服务青年的成长成才，逐步提高青年员工的学术能力，树立团支部积极向上、拼搏进取的组织形象，营造研究室浓厚的科研学术氛围，为518所的发展、为推进五院建设贡献力量。

团·踏征途

2018年，“青年共进联盟”团·品项目作为518所创新活动的排头兵，结合部门的科研生产任务，开展了多种特色活动，为全所青年员工提供了一个交流学习的平台，受到了所领导的一致好评。

活动内容主要包括如下。

一、引进来

通过所内领导支持和团支部架桥活动，先后成功邀请到加拿大约克大学陕晋军教授、香港理工大学景兴建教授、哈尔滨工业大学刘瞰教授等数十位国内外相关领域专家，开展交流互动活动多次，拓宽了青年员工的视野，在青年员工中反响强烈。通过该活动的持续组织，在团支部内部建立了良好的交流学习机制，为青年员工创造了一个与外部交流的平台，促进了研究室的发展，营造了爱学习、爱交流、共进步的团支部氛围。目前已开展多期，青年参与热情高涨。

引进来

二、讲出来

作为团·品项目中十分重要的一部分，“讲出来”是青年员工自我成长、自我检验的关键一环。团支部积极鼓励青年员工参加国内外学术会议，同时鼓励员工走上讲台，开展知识共享讲座，并先后组织青年员工参加学术会议3次；组织如PPT制作小窍门、基金文书撰写小技巧等分享类讲座多次，提高了青年员工的团队和分享意识；针对青年迫切需要提高的专业学术报告撰写能力，开展指导学习活动，进行基金类报告撰写技巧学习，邀请所内优秀员工进行知识共享；针对新入职员工，开展技术交流活动，让大家更快地认识彼此，更快地融入团支部；建立知识共享机制，将工作中的小技巧、小方法分享给大家，一人成长带动大家成长；收集青年共性问题，开展专项培训，共同提高。

讲出来

三、秀起来

通过前期的交流学习过程，团支部成员得到了一定的成长。实践是检验成果的唯一标准，团支部结合青年员工的专业特长，组织开展了科技创新设计竞赛，鼓励员工将专业技能的提升转化为所内产品技术的提升，逐步提高所内科技转化率，进一步增强了团队凝聚力和战斗力，同时也丰富了团支部生活，增强了团支部活力。

团支部青年获天津市高新区辩论赛冠军

秀起来

团·拾趣闻

通过开展团·品活动，将高校老师“引进来”，在知识交流共享的同时，也增进了青年员工之间的感情。在刘暾教授来所讲课期间，青年员工特别热情，纷纷提议向老先生送纪念品。当时正值雾霾季节，一副口罩是最实用也最贴心的礼物。之后，团支部青年又踊跃担任“防霾”义务宣讲大使，在团支部内开展宣讲活动，讲解雾霾的危害与防治措施，并贴心地为团支部成员购置防霾口罩。由于活动取得较好效果，活动模式被工会采纳，成功地将送口罩活动演变为部门乃至所内的一个关怀活动。

初冬的雾霾挡不住送关怀的脚步，凛冽的寒风冷却不了一颗送温暖的心。面对恶劣的雾霾天气，由所工会牵头，团支部协助，从关心职工身心健康出发，团支部青年及时为辛勤工作在一线的广大职工送去了防雾霾口罩、水果等慰问品，浓浓的关爱之情，让辛勤奋战在一线的广大职工备感亲切。

送口罩

此次服务一线职工系列慰问活动的开展，及时地把所党委、所行政部门的关怀送到职工，体现了所领导对职工身心健康的关心，也体现了团支部团·品活动深入人心，切实有效可行，真正想青年所想，解决青年所需，更加激发了广大青年的工作热情，鼓励青年全身心投入到科研生产中，助推所改革发展。

团·传捷报

第四团支部团品项目“青年共进联盟”开展以来，在上级组织的指导和帮助下，在实践摸索中，进一步明确了以“青年科创”为特色的发展思路，不断完善创新平台建设，不断促进创新思想交流，成绩斐然，硕果累累。

海纳百川方能成其大。为了搭建高水平交流平台，团支部先后邀请了哈尔滨工业大学、天津大学等大学的多位国内知名专家学者来所交流，并成功举办了一系列所内“学术沙龙”学习交流活动，进一步加强了518所与高等院校之间的联系，同时也促进了支部成员之间的思想交流，智慧碰撞，营造良好的学术氛围。

青春与活力，精彩飞扬，这是属于年轻的力量。趣味运动会上，随时都可以看到青年人活跃的身影；科室搬迁现场，突击小分队不辞辛苦、奋勇争先……这就是我们的团队，一个充满活力、团结友爱的集体，我们用心呵护关于未来的希望与寄托。

通过一年多的努力，团支部内涌现出一大批优秀青年，先后获得全国五一劳动奖章、院先进个人、天津市科技进步奖二等奖等诸多荣誉，团支部也成功获批“天津市五四红旗团支部”称号。我们坚持“科创”发展理念，进一步拓宽发展思路，逐步形成了“组织建设与科技创新”相结合的支部建设机制，以青春之我，创建青春之航天，青春之国家，青春之民族。

团支部荣获“天津市五四红旗团支部”荣誉

团·品真谛

习近平总书记指出，新时代的青年工作要毫不动摇坚持党的领导，坚定不移走中国特色社会主义群团发展道路，紧紧围绕、始终贯穿为实现中国梦而奋斗的主题，让广大青年敢于有梦、勇于追梦、勤于圆梦。

518所第四团支部“青年共进联盟”项目，牢牢抓好青年需求主线，通过不断丰富“引进来”“讲出来”“秀起来”等内容，以点带面，为进一步增强青年活力、提升青年技能提供了有益借鉴。

一是青年生力军作用明显。在“青年共进联盟”的带领下，青年能够事事处处当表率，起到先锋突击作用。特别是在型号研制攻关过程中，主动挑大梁、加班加点解决问题，形成了一支能攻关、善攻关、会攻关的技术团队。

二是上下一盘棋氛围浓郁。通过“青年共进联盟”项目的实施，青年对实现518所更好更快发展的愿望更加迫切，提振信心，立足本职，脚踏实地、岗位建功的信念更加坚定，上下同心所欲共提升518所核心竞争力的行动更加扎实。

三是青年工作能力得到加强。通过“青年共进联盟”项目的实践探索，逐渐形成了符合518所青年工作实际的团建品牌，培养了一支策划能力强、实施能力强、创新能力强的团干队伍，团建融入中心、服务中心有了更加有效的抓手，为今后工作的顺利开展打下了坚实基础。

星火燎原–青年职业生涯导航

◎ 中国东方红卫星股份有限公司团委

团·聚星火

“青年强企”，是实现中国卫星可持续发展的内在需求，是适应新时期团青工作的根本要求。

2013 年，随着中国卫星二次融资的顺利实施，公司迈向了一个发展新阶段，如何将公司做强、做优，提升核心竞争力，已成为公司发展的战略新要求。面对公司人员占比近 70% 的青年群体，面对子公司地域、行业、文化的差异，面对公司化团建子公司遍布全国各地、青年分散等管理难题，中国卫星团委启动了青年职业生涯导航行动。

青年职业生涯导航项目对于引导青年员工根据公司对人才的需求和自身发展的特点，积极主动地规划职业生涯，不断提升青年员工职业能力，实现青年员工与公司共同发展具有重要意义。一方面，从利于青年自身发展的角度出发，重点针对青年员工职业发展方向不清晰、价值导向多元化、个人求知欲强烈的成长问题，帮助青年明确职业发展目标，培养青年树立正确的行为及价值取向，提升青年员工的综合素养和职业能力；另一方面，从公司人才培养的角度来看，重点针对各单位“重引进、轻培养”的人员管理问题，结合各子公司青年员工占比较大的现状，加大对青年员工的培养力度，在因材施教帮助青年员工提升个人能力的同时，逐步建立公司人才梯队，打造核心竞争力，保障公司发展。

为此，公司团委开展星火燎原–青年职业生涯导航行动，遴选了 19

名遍布全国各地的子公司优秀青年，通过导航行动让他们成长成才，并形成燎原之势。

团·踏征途

一、蓄势待发，引燃19颗星星之火

“导航”活动获得了公司在政策导向、管理机制和经费上的大力支持，党委书记牵头全面指导导航活动开展，母子两级公司成立由党、团、人力资源构成的两级组织的齐抓共管活动保障体系，活动过程中，书记和总经理亲自担任导师。

在专业知识保障上，公司团委特邀外部专业职业规划咨询师为各级领导、导师及青年员工传授有关职业发展规划的内涵、方法及实操经验；还特别针对导师团队，开展了“部属培训技巧”的专题培训，提升各级管理者、业务骨干和导师团队培养人才的技能。

在首届导航行动中，215名青年完成自我成长评估及职业发展路线制定，通过“子公司精心筛选、团委及人力资源部审核、公司领导研究审定”等3个环节，最终遴选出19名来自全国各地子公司的优秀青年作为首批星星之火，开展重点性培养。

两级公司导航行动启动会

两级公司领导参加职业生涯导航培训

公司党委领导为青年导师颁发聘书

二、搭建平台，营造青年成才燎原之势

搭建公司制团建平台，组织母子公司开展“燎原行动”近20场。公司团委开展“一对一”导师带徒活动，召开导航对象与师傅见面会，颁发导师聘书，制定师徒培养计划，签订责任书，开展重点性的职业生涯规划指导；组织开展拆书行动，扩大知识面；创办青年读书堂，交流心得体会；建立融知学堂，案例分析，知识转移；组织青年开展模拟市场、技能竞赛，提升能力；邀请老前辈传承航天传统文化，青年亲身体验手控模拟舱，进一步感受航天；开展终期结业考核，总结提升“传帮带”。同时，公司团委还积极吸取资本市场的发展精髓，组织青年到外部知名企业学习参观，开拓视野，全面提升上市公司青年作为航天高科技企业员工的大局观，塑造“有为、担当、进取、传承”的价值观。

邀请戚发轫院士为公司青年做航天精神主题教育

组织开展学技能、练真功技能竞赛

组织青年开展拆书行动

组织青年开展专业技术大比拼

团·拾趣闻

一名导航青年的蜕变：参加活动前，我只是公司市场部的一名普通客户经理，在导航行动中，我有幸师从公司总经理进行一对一学习。按照师徒协议，我多次与导师讨论工作上的不同见解，并多次参与公司组织的外部交流活动，思想认识上有了很大提升；通过活动，拓宽了视野，同时也意识到了自身的不足，经导师指引，明确后续发展的方向和路线，在工作中养成了“多思考、多归纳、多汇报”的良好习惯。目前，我已荣升为公司经营发展部经理，还同时兼任北京三维可视化事业部副总经理一职，并且完成了由“徒弟”到“导师”的蜕变，担任公司新一期“导师带徒”活动的导师，带着两位学员一同进步。回顾导航行动，我体会最深的一点是，该活动打破了单位原有固定的关系模式和业务边界，以灵活的机制激发学员自发学习、奋力向上的职业诉求。在活动中，大家不再是公司领导和普通员工的关系，而是师生关系、朋友关系，消除了相互间的隔阂，沟通更加顺畅、了解更加充分。“青年职业生涯导航”犹如职场上一片绿洲，不仅激发了青年人积极向上的奋斗热情，也使他们的身心得以充实，更进一步孕育了良好的企业文化。

公司领导为“金牌导师”颁发荣誉证书

“金牌导师”分享师带徒经验体会

团·传捷报

“树人”成果丰。在青年团队建设方面，4 人成为团队带头人、5 人获职务晋升；导航行动评选出英才青年 3 人、雏鹰青年 7 人、科研先锋 3 人、技术能手 6 人、创新标杆 3 人，分别在母子公司的管理梯队和技能梯队中崭露头角，已被纳入中国卫星青年人才库的首批后备培养对象。在导师团队建设方面，活动评选出公司金牌导师 2 人、优秀导师 5 人、经营青年讲师 4 人，极大地促进了公司经营型人才队伍建设。

“搭平台”建通道。自开展导航行动以来，两级公司共开展引航交流 8 次、知识培训 27 次、技能竞赛 8 次、师徒结对 34 对、青年榜样评选 21 人次、新媒体专栏宣传 2 次、特色活动 10 余次，畅通了各子公司之间的青年人才交流通道，搭建了沟通、协作的互动平台，通过固化职业生涯设计、传帮带、业务培养等各类特色活动，形成了两级公司“选、育、荐、用”的工作联动机制。

“立品牌”显成效。在导航行动牵引下，子公司分别形成了“授渔计划”“琅琊榜”“青年智囊团养成计”“火柴计划”“百舸争流”，共 5 个团·品子品牌，深耕了两级公司企业文化建设，扶持了公司重点项目的团队建设，带动了全体青年的双创热情，促进了青年能力素养全面提升。而导航行动成果，也被纳入公司人才体系建设中，形成了一项长效的青年团队管理机制，为青年开辟了一条绿色成长通道，丰富了公司青年发展平台，成为公司团队建设的蓄水池。公司团委星火燎原-青年职业生涯导航行动获2015年五院“十佳团品”荣誉称号，获2017年五院“旗舰团品”荣誉称号。

团·品真谛

经过5年多的实践，中国卫星青年职业导航行动形成了有力的保障团队、有形的工作体系和有效的推进模式，建立了一套青年人才培养的长效机制，为青年成长成才搭建了一条绿色成长通道，成为了公司人才队伍建设的蓄水池。

正如我们的导航青年所感悟：“你看见的是声势浩大的活动，却无法言喻活动中我们成长的欢喜；你可以看轻我们的拼搏，时间会证明谁有最卓越的成长；航天，是注定精益求精的严苛，路上少不了荆棘遍布的坎坷，但，那又怎样？哪怕是星火的温度，也要为航天事业释放出燎原的热情。”

目前，导航行动得到了母子公司的高度认可。导航青年正以19的N次方的速度，燃烧着全体青年的内心小宇宙；作为星星之火的易燃体，导师团队用技能传承和知识转移，助燃星星之火愈演愈烈；作为这场星火的空气体，青年职业生涯导航行动正以星火燎原之势，融入发展中心、助力经营核心、走进青年内心、品牌长效恒新，致力于将导航行动打造成超一流知名“团·品”！

第三篇

创新创效、助推发展

习近平总书记指出，“青年是社会上最富活力、最具创造性的群体，理应走在创新创造的前列。广大青年要有敢为人先的锐气，勇于解放思想、与时俱进，敢于上下求索、开拓进取。”五院团委将青年工作与世界一流宇航企业建设有机结合，聚焦创新发展新形势，通过积极构建青年创新创效平台，拓展青年创新创效资源，建立创新容错机制等一系列措施，不断优化五院青年创新创效环境，进一步拓宽了青年国际化视野，激发青年创新创造热情，有效提升青年创新创效能力与水平。

创新攻场

◎ 总体部团委

团·聚星火

总体部“创新攻场”项目始创于2016年，时值国家“十三五”开局之年，也是总体部转型发展的关键期，总体部团委立足积累十年的“超越杯”航天器新概念创新大赛经验，紧密结合当前中心任务实际以及青年创新的新需求，提出了以青年创新为主题、以驱动发展为目的、以“线上”+“线下”为方式，为青年打造创新创造的平台，并将该项目命名为“创新攻场”。

为了全面激发青年的创新热情，凝聚青年的创新力量，“创新攻场”项目制定了三个“攻克”步骤。一是凝聚攻克创新之势，从青年的思维和意识入手，通过氛围营造、触摸“黑科技”、对话大师等多样的形式，让青年对创新好奇起来，让创新的想法根植在青年的大脑；二是建立攻克创新之营，总体部团委为青年建立网络创新交流平台，建立挂牌为“创新攻场”的专属实体阵地，让青年的创新交流、创新实践有空间、有阵地；三是打响攻克创新之战，立足运营十年的“超越杯”航天器新概念创新设计大赛，注入“新媒体”“风险投资”“推介演说”等元素和形式，以比拼、竞争促进青年创新实践的不断升级。

通过三个“攻克”步骤，部团委为青年搭建起了攻克难关、实现创新的阶梯，打造了全周期引领青年创新创造的长效机制。

团·踏征途

部团委在部党委的指导下，规划、成立和推动了“创新攻场”品牌项目的系统化实施和推进，为总体部青年建立了“从创意萌发到创新实现”的一站式服务体系，从思维意识上、平台体系上、行动实践中，集结和引领总体部青年将青春的激情幻化为智慧的火花。

从思维意识层面，凝聚攻克创新之势。部团委通过问卷调研和分析，了解青年需求，有针对性地制定了青年思维拓展之旅。通过参观中国航天“十二五”成果展，让青年了解航天现状和发展趋势；组织走进中国钢研等传统央企活动，了解传统行业的改革创新；对接华为、百度等著名民企，沉浸中关村软件嘉年华，感受科技引领需求的魅力。通过航天内外、传统与新兴、军民融合的不断渗透，潜移默化地突破青年固化的思维封层，凝聚和营造青年的创新势力。

从平台体系建设上，建立攻克创新之营。部团委发布“总体青年创新流程指南图”，让青年知晓创新方向；建立“超越杯”青年创新网络阵地，支持部级发布创新征集令，支持青年在网络中交流碰撞并集结成队；在党委的大力支持下打造了方案研讨、协同设计、基础测试一体化的“创新攻场”实体阵地，让青年项目团队的创新实践有阵地；针对青年创新所需的知识补给需求，打造“青年学吧”培训平台，以针对性强的内容和多样化的形式，促进总体青年的能力提升。全方位打造了有方向、有保障、有阵地、有内容的青年创新专属阵营。

青视野之思维拓展之旅

“创新攻场”创新空间揭幕

“青年学吧”培训之对话中关村创业大咖

从行动实践中，打响攻克创新之战。部团委通过掀起“战争”，让青年在比拼中、竞争中追求卓越，不断完善创新。通过举办网络创想大赛，发动全员投票参与，营造浓烈的创新氛围；开展航天器新概念创新设计大赛比创意想法，举办新概念基金项目风投大赛比创新实现，引入市场化“风投”理念，举办“青年创新项目风投大赛”比成果转化，以层层递进、不断升级的“比拼”形式，将青年创新热情推到最燃点。

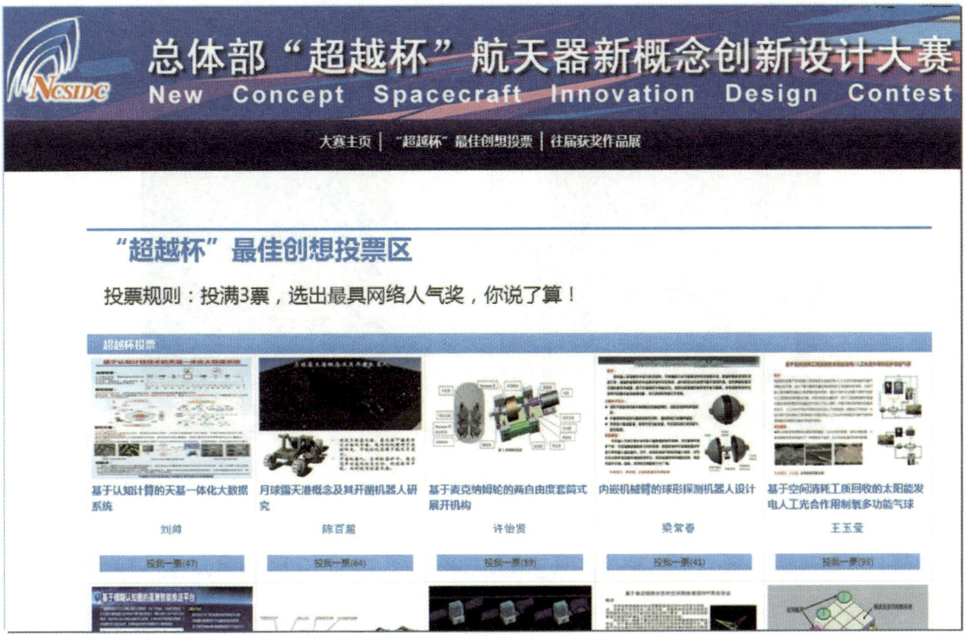

网络创想大赛

航天器新概念创新设计大赛

新概念基金项目风投大赛

自“创新攻场”品牌工作建立以来，青年们的创新想法一步一步地结出了果实，从部团委层面的基金支持走向部自主研发、院自主研发、总装研发基金支持等更高级别的平台。总体部“创新攻场”品牌工作让创新成为了青年追逐的“流行元素”，让青年主动积极地担负起创新引领、航天强国的使命和担当。

团·拾趣闻

“创新攻场”品牌工作吸引了广大青年踊跃参与创新实践，2017 年“超越杯”大赛收到的项目数量翻了一番，与此同时，评委数量较往年翻了两番。按照既往印象，青年们都认为“评委=严厉=杀气腾腾”，然而 2017 年数量翻两番的评委们不仅没让“杀气腾腾”变为“一片死寂”，而是用翻了数番儿的“活力”带动了现场，带活了选手的思考。

评委们在给参赛作品“提问、评价”的同时，极尽所能地给各个作品提出“完善方法和思路”。所以，对于答辩的青年来说，这是一场“竞赛”，更是一次收集“钻石级点子”的契机。某个要在月球建立太空 3D 打印系统的方案，受到了各个评委的质疑，然而同时，评委们也都从如何先从地面验证试验做起提出了建设性建议。某青年提出的“检错系统”，更是让评委们上了心、着了急，有人鼓励他继续做下去，有人给他提出了数个可应用的场景。

参赛青年开心地说：“只要想法好、创新项目棒，评委也能秒变‘盟友’啊！”

评委竞投

团·传捷报

“创新攻场”项目从青年的创新思维、创新工作体系建设、创新成果推动三方面取得成果。

一、思维有转变，青年更会“秀”了

通过针对化的参观、调研、交流、互动式培训等措施，总体部青年对行业的理解、技术发展趋势有了更直观的理解和认识，对应到青年参加创新大赛的表现上，就是青年的“市场思维”和“推介能力”提升了，以“用户思维”做创想，以“市场思维”做表达。

二、工作有体系，创新更有方向了

部团委建立了思维拓展、能力提升培训、创新大赛三级体系，同时

将创新大赛细分为方案层面的创新大赛，择优再纳入新概念基金项目持续扶持孵化，孵化到一定程度入选“风投大赛”，三个“赛事”环环相扣，逐步递进，使得青年从“有创意”、到落实方案、到项目实施，每一步都有对应的载体支持、资金和机制的保障，让青年创新在体系下有方向的推进。

三、孵化有力度，成果“发新芽”了

近年来，总体部对青年创新项目投入金额 210 万元，同时对重点项目配备专家作为导师。在孵化“创新成果”的模式下，青年们的创新结出了果实，从部团委层面基金支持走向院自主研发、总装研发基金支持等更高级别的平台。以某项目为例，该项目于 2017 年成功申请了两项课题，总经费共计 430 万元，按照 3 年 11 万元的扶持基金投入计算，其产出投入比高达 39∶1。

团·品真谛

围绕中心、引领青年，是共青团和青年工作保持生命力的首要前提。突出单位主业特色，结合青年时代特点，紧紧抓牢“融入中心，服务大局”这一主线，找准定位、选准载体，扎实推进工作，为团员青年岗位建功搭建广阔舞台，推动广大青年逐步成长为企业创新发展的排头兵和先锋队。只有找准融入中心与服务青年的最佳结合点和着力点，共青团工作才能得到各级党政领导的支持和广大青年的积极响应，才能充满创造力和生命力。

“求新求变”是保持青年创新工作活力的源泉。青年工作面向的是单位最具活力的群体，求新求变是青年的基本属性，同时，不同时代的青年也带有时代特性，因此同样主题的青年工作要根据时代变化、青年特点而不断注入新鲜的元素。2016 年国家提出

"双创"，部团委紧跟号召开展了"创新周"活动，并开创性建设青年创新空间，2017 年总体部全面改革调整，提出了"市场化、专业化、产业化、企业化"的发展目标，部团委在青年思维拓展、知识培训以及创新大赛中均增加了市场化的新元素。

制度化、体系化建设是做好青年创新工作的保证。总体部于 2007 年创立了"超越杯"航天器新概念创新设计大赛；2012 年建立了"新概念"青年创新基金，前者重于激发青年创新思维、提出创新方案，后者则为青年创新想法的进一步深化实施提供基金扶持和专家指导；2016 年为青年创新建设了网上平台和"创新攻场"实体空间；2017 年引入市场化机制举办"风投大赛"，引导青年重用户思维和市场发展。这一系列的举措，就是给青年创新从平台搭建、载体创造、措施激励、制度保障上的不断完善，也是紧密结合总体部发展、与时俱进地完善青年创新工作体系的过程，使得青年创新具有了从创意萌发到创新创造的一站式、全周期体系。

青春向市场进军

◎ 总装与环境工程部模拟与控制技术研究室团支部

团·聚星火

从2013年开始，模拟与控制技术研究室（以下简称“八室”）作为总装与环境工程部市场化改革的排头兵，率先从一个以技术研究为主的传统型研究室向兼顾市场开拓和科研生产的新型事业部转变。这种突如其来的调整转型对全体员工都是一种很大的挑战，即八室今后将以航天器试验装备事业部的新体制开展业务，所有人必须快速适应，否则不仅科室会止步不前，员工更会被新形势所淘汰。八室的青年占全体员工的70%以上，转变所带来的冲击，青年员工是首当其冲。为了让青年团队更快适应，并努力推进科室的快速转型，八室团支部提出“青春向市场进军”品牌活动。团·品活动的意义围绕一个“变”字展开，青年的思维要变，青年的意识要变，青年的业务能力和工作习惯要变，本活动旨在进一步通过青年改变带动全体员工改变，最终推动科室顺利转型。此外，在转型后帮助青年夯实改革成果，形成文化和制度，逐步走向推广和盈利。

据此，活动思路第一步要从增强信心开始，鼓励青年不要畏惧市场，树立对自身业务的自豪感；第二，切实了解青年的所思所想，掌握青年对市场化改革的初步认知和担心，邀请青年参与讨论，结合青年特点，集思广益，建言献策；第三，针对市场特点，提高业务能力，解决如卖什么、怎么卖、卖给谁等问题；第四，树立青年独有文化，增强软实力，夯实活动成果；第五，面向所有青年收集市场化运行过程中出现的共性问题，设立专项规章制度，用青年人容易接受的方式逐条解决。

团·踏征途

第一步，强心行动，增加自信

团支部分析青年的特点，认为青年充满着激情与理想，对于内心认可的事情，可以全身心无条件的投入。如果能让所有青年对于自身岗位工作充满自豪感，发挥其主观能动性，对于实现市场化转型的目标将会起到不可估量的作用。因此，团·品活动的第一项工作就是强心，即为青年树立航天科研工作自豪感！时值亚洲最大、世界第三的KM8空间环境模拟器研制成功，研制团队接受央视采访，团支部组织了为“KM8 喝彩”活动，组织全体青年收看采访视频，并邀请 KM8 总师进行介绍，让青年切实体会到自己从事的工作的重要性，增强自信心和使命感。

研制团队接受央视采访

第二步，谈心行动，集思广益

市场化转型中人的转型最重要，人的转型里思维转变最重要。如想在市场中站住脚，必须拒绝“古玩店”生存模式，要使产品向系列化、多样化、延续性转变。团支部组织多次形势与任务发展座谈会，邀请室领导，对集团、院、部、室的发展重点、面临的困难进行解读，并规定与会的每名青年必须基于自身岗位，提出关于市场化运行的 3 条建议。及时与室领导沟通，解决为什么要转型、如何转型、你在转型中充当什么角色等关键性问题。

形势与任务发展座谈会

第三步，举办特色活动，助市场化改革

创立三新论坛，为全室青年开眼界、扩思路，争取在科室内外寻找上下游合作位置；建立国际式的培养机制，为青年国际业务能力提升夯实基础；成立“敲门”行动小组，意在主动迈向市场，掌握客户需求。充分发挥青年同志市场开拓的主动性，加强与客户沟通，了解新产品定位，丰富产品型谱。“敲门”形式多种多样，鼓励青年开发自身客户群，

充分利用广大青年的“校园红利”。转变甲方、乙方固有观念，在乙方中寻找新客户与新市场。

第四步，树立文化，巩固成果。

面向全室青年，以“我心中的文化烙印”为主题，进行了为期5个月的文化要素、文化主题、文化标语征集活动，每月一个关键词，最终，结合八室业务特点，融入中国传统水文化，树立以地为天、见水思齐的青年文化。

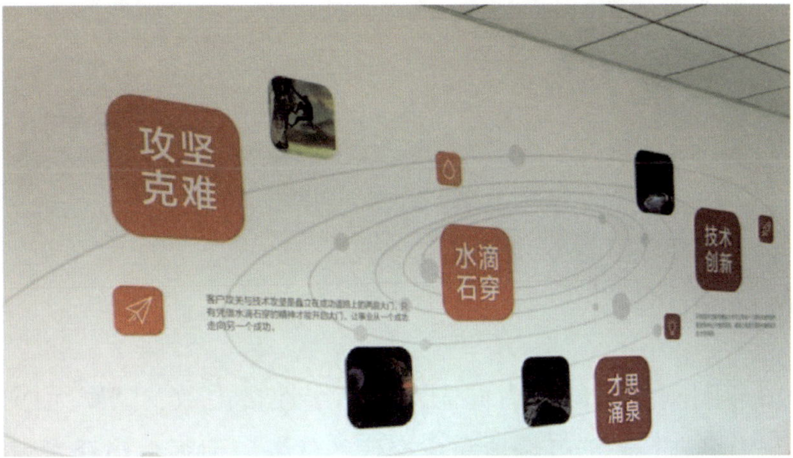

八室文化墙

第五步，固化制度，解决矛盾

团支部通过设立“吐槽大会”制度，每月定期召集青年，以匿名的方式投递问题，以幽默的话语公布问题，并记录反馈上个月问题的解决结果。每两周邀请室领导参会，根据收集的问题，消除个人与团队之间的误解，加强团队与团队之间的沟通，就事论事，集体讨论，各抒己见，形成决议。在保护青年隐私的前提下，轻松幽默、及时客观地收集青年最为真实和迫切的问题，重点解决市场化运行中遇到的矛盾和困难。

团支部通过设立“青年发展银行”制度，扩大青年人才培训队伍，推动青年培训进入良性循环，调动科室骨干参与青年培训的积极性。

收集、解决青年问题

团·拾趣闻

2016年刚刚入职的小白同志，是一个性格内敛、默默无闻的新员工，执行力极高，总能低调地完成交代的任务，但很少当众发表自己的意见和看法，面对面向全室征集建议的时候，他总用一个“无”字回复，名校毕业的高才生显得比同一批的青年都谨慎。时间慢慢流逝，一切平淡如常，但随着市场化改革的深入，班组重新调整，每人都要承担一些市场份额和指标，绩效考核方式进行了调整，再用以往的工作方式和习惯，只能坐以待毙了。时值团支部开展“青春向市场进军”活动，小白就被动地参与了进来，抵触情绪随着每一阶段活动的推进逐渐消失，自信心逐步增强，后来，他直接成为团·品活动的推动者和策划者，不仅如此，他也在研发工作、市场开拓和科室工作中逐步绽放出光彩。

小白同志以分系统负责人的身份参与双立柱光学低气压舱等多个工程项目，并研制太阳辐照箱、吹沙吹尘试验箱等新设备，同时参与江

小白同志获得荣誉

航、贵航、巴基斯坦等项目的投标工作。小白同志在参加工程项目的同时，积极参与研发课题，申请北京市科委基金、自然科学基金、钱学森青年基金、集团公司自主研发基金、部自主研发项目等项目，并完成部自主研发项目一项。

小白同志成为科室有史以来最年轻的分工会主席，组织本室的各类工会活动、支部活动，赢得了同事们的一致好评，在同事当中有着很好的口碑和很高的人气。他先后获得总装与环境工程部“优秀新员工”、总装与环境工程部“优秀共青团员”、五院图书文献知识竞赛三等奖、室级“两学一做”先锋岗等荣誉和奖励。

团·传捷报

“青春向市场进军”活动的开展，取得了以下几点成效。

转变思维，消除青年对市场化改革的恐慌，让青年员工对市场化改革有了正确的认知，加深了青年对市场规则的了解，帮助青年逐步习惯成本意识的设计理念，融入到市场化运行的体制中，带动其他同志积极进行转变和调整，从侧面减小了科室的压力。

培养人才，在较短的时间内，培养了一批可以适应市场规律的青年骨干力量，并在活动的进行过程中，逐步搭建起以“青年发展银行”为代表的青年专项培养的平台，扩大了青年培养力量，形成了青年培养队伍，推动了在培养青年的同时，使培养者本身也能同时获利的良性循环，大大增加了青年培养的积极性。

形成文化，结合中国传统水文化和八室青年自身的业务特点，建立了以市场、作风、团队、创新和质量为主要元素的青年水文化。筑牢了青年对团·品活动“青春向市场进军”的肯定，增强了团支部将活动持续推广的信心。

形成特色活动，形成了以“三新论坛”“敲门行动”“吐槽大会”“兼听则明”等为代表的团·品特色活动，切实增强了青年的创新意识，开阔了眼界，赢得了青年自己的客户群，在保护青年隐私的同时，用青年容易接受的方式了解青年的真实想法，完善了市场化运行中的规章制度，消除了市场化改革中的矛盾冲突。

创造效益，帮助八室在 3 年内合同额连续突破亿元，并首次突破 2 亿元大关，确保八室在部内始终保持前三甲的地位。三年内客户数量增加 1 倍，研发超过 6 种新产品，夯实了国内环模市场上龙头的地位。特别是在国际项目履约过程中，青年参与率已高达 90%，多次受到各级组织的嘉奖。

团·品真谛

通过开展“青春向市场进军”的团·品活动，无论是青年还是团支部纷纷表示获益良多，活动帮助青年正确认识了市场，推动科室向事业部成功转型，增强了青年的自信心和集体的凝聚力，形成了特色文化，运用市场思维，设立“青年发展银行”制度，效果明显。

第一，面向全室35岁以上员工进行“青年发展银行”成长经理聘任，成长经理要求必须是各专业技术骨干，年度考核良好以上，业绩突出，对事业部发展有重大贡献者优先，优中选优。

第二，由成长经理依据青年信息录、青年推荐信、奇思妙想记录大全等对待培养的青年进行选择，每名成长经理可根据自身意愿和能力决定培养青年数量，并与青年签订培养协议。

第三，成长经理自行制定培养计划，从第二季度开始对青年进行9个月的定向培养。每季度末，所有青年进行成长力阶段性评比，年终进行成长力总评比，根据排名获取相应成长币，其成长经理同样获得相应的成长币。成长币可兑换事业部考核加分，成长币数量越多，年度的各项推优工作均被优先考虑，此外，成长币还可在各成长经理之间流通使用，即可利用成长币购买定向培养服务。

八室团支部通过实行“青年发展银行”制度，扩大了培养青年的有效力量，将培养青年员工的资源进行了更为合理的分配，充分调动了骨干员工对青年帮扶的积极性，加强了青年人才队伍建设，缩短了新员工对事业部的熟悉时间，为事业部锻造了一支青年成长力孵化队伍，快速提升了青年自身能力，使青年对事业部的贡献力显著提升，事业部业绩快速增加。

“星创+”青年创客平台

◎ 502 所团委

团·聚星火

“创新是引领发展的第一动力，是建设现代化经济体系的战略支撑。”党的十九大吹响了加快建设创新型国家的强劲号角。作为以创新为引领的中国航天事业，“自主创新”更成为航天精神文化的核心内容之一，并在点滴与细微中不断流淌。现如今，占 502 所员工总数近 70% 的青年员工，已然成为航天事业的主力军。他们饱含热情、思维活跃、善于学习、乐于创新，是推动航天事业进步与发展的强大力量。为了让青年员工更好地融入到创新的文化氛围内，激发青年勇于创新的热情，培养青年善于创新的良好习惯，满足青年展现创新素养的热切要求，502 所团委建立了“星创+”青年创客平台，为青年创新创效提供良好的服务平台。该平台以期通过专业的指导、有力的保障、合理的制度、优质的服务，建立从“独创”到“共创”、从“苦创”到“乐创”的青年创新创效新模式，助推事业发展、引领青年成才。

“星创+”青年创客平台以打造青年航天之“星”为目标，以为青年建设如家的创新创效平台为宗旨，积极发挥青年创新创效的主观能动性，将“创+”理念与科研生产相结合、与管理服务相结合、与航天文化相结合，在工作生活的方方面面去施展创新的智慧、实施创造的想法。“星创+”青年创客平台具有三个主要职能：激发青年，鼓励“慧创”；打造平台，实现“汇创”；争取支持，促进“惠创”。在三“hui”创的指导下，为航天事业发展添动力、添活力，也为青年早日成为真正的“星创+”奠定基础。

团·踏征途

502所借助“星创+”青年创客平台，通过延伸创新手臂、搭建竞技平台、挖掘创新机理，探索出一套“3DMaxs”青年创新服务模式，实现了项目实施有支持、青年展示有舞台、基层帮扶有动力、创新管理有依据的良好效果，为青年创新提供广阔空间。

3D构模型，延伸创新手臂：502所团委以“深化、细化、量化”的团支部“三化”创新服务为目标，运用电子商务理念，以满足一次创新需求（Demand）、开展一次创新研讨（Discussion）、推出一篇创新宣传（Dissemination）为服务内容，创建青年创客与需求方之间的“3D星创订单”，激活基层创新活力，务实服务基层创新活动，同时，引入建模思想，挖掘基层创新特质，获取基层组织创新“性格模型”。

Max最创意，搭建竞技平台：502所团委以“十三五”开局为契机，开展青年创客大赛，引导青年瞄准未来、聚焦发展，为百亿研究所的目标凝心聚力。由所科技委专家组成的创新“导航师”，为青年创客提供技术支持，相关职能部门及公司为青年创客颁发创客“绿卡”，助力项目孵化。平台推出的创新论坛、“智汇青年”软件创新项目研发、“微视点、轻创意”大赛、创新团队征集令、“青春安全行”安全文化创新活动、“双创”周主题参观等创新活动，更为全员创新营造了良好的氛围。

S（study）探机理，摸索创新规律：为了更好地掌握员工创新方面的基本现状，挖掘员工深层次的创新动力，502所团委成立青年工作调研小组，开展青年员工创新现状专题调研。调研面向502所青年，涵盖各年龄段、各学历、各岗位人员。借助一手的问卷信息，平台提炼出许多具有周期性、岗位、学历等特征的内在创新规律。例如，在“创新活动的主要动力来源”一题中，员工呈现学历阶梯特点；在“乐于参与的创新活动”一题中，员工又呈现了强烈的岗位特征。此外，平台还就团干部成长、互联网对航天企业员工的影响、新员工性格与职业期待创新研究等课题，深入了解新生代航天员工需求与期待，服务青年成长成才。

“星创+”青年创客平台揭幕仪式

青年创新论坛

青年创客产品展示

团·拾趣闻

“一张图的线索换来百万创新基金”，一个看似天方夜谭的传奇，在502所青年创客的手中奇迹般地实现了。

随着技术的发展，微纳卫星以其小、快、省的特点，已经成为一种功能强大的高智能化航天器，卫星的“小”时代已经来临。微纳卫星的市场需求巨大，欧美已经具备每次发射二三十颗，甚至50颗微纳卫星的能力，而国内却进展缓慢。

何为控制力矩陀螺（CMG）？如果将卫星比作芭蕾舞演员，那它就是让演员做出高难度“皮鲁埃特”旋转动作的骨骼和肌肉。作为微纳卫星的姿控执行机构，它能够使整星实现快速、大范围的姿态机动，以满足进一步扩大视场范围和延长定点观测时间的需求。

那是一次再普通不过的学术交流。讲授人在介绍世界范围内微小卫星的发展情况时，60多页的PPT，在某一页停留了片刻，便很快翻过了。然而就是这短暂的几秒时间，却被敏锐的CMG青年创客团队锁定——一张微小型CMG图片。这是一个金字塔构型的CMG组合体，对它的描述仅仅只有国外某大学的名称，没有产品名称，也没有性能指标，没有研究者。“一定要把它找出来”，团队的青年成员们下定决心。一场信息检索的战斗无声地开始了，从网上搜索引擎到高校的图书馆，不同关键词的排列组合，最终功夫不负有心人，在国外某大学图书馆的网站上，青年成员们找到了这幅图片的出处——一篇学位论文。在检索的过程中，国外各从事微型 CMG 研发的高校、科研机构才渐渐浮出水面。

经过一年多的艰苦攻关，502 所完成了国内首台微型 CMG 样机的研制工作，以优异的成绩通过了专家组的验收。瞄准微纳卫星姿控系统后续发展的新需求，创客团队已经开展了系列化微型姿控执行机构的研制和技术储备工作，期待为航天事业的发展再立新功。

中国卫星“小”时代的“灵巧”舞者

团·传捷报

一、基层创新服务更务实、覆盖更广

502 所 25 个团支部推广“3D 星创订单”两年来，共完成订单 242 项，其中满足青年创新需求 75 项，开展创新研讨 104 次，发表创新宣传 63 篇，为全方位服务基层青年创新做出了实效。同时，根据“3D 星创

订单”数据，通过构建基层创新“性格模型”，502所团委将基层组织划分为内向型、外向型、学术型与全面型4种“创新性格”，能帮助各团支部更透彻地了解自身创新特点并指导今后的创新活动方向。

二、青年创客大赛更好地激发创新活力

青年创客大赛结合我所研究方向与青年热衷领域，经过基层推报、初审、答辩、培训、项目发布等环节，最终17个优秀项目脱颖而出，6个精品项目获得“创新导航师”的青睐，并取得了相关职能部门及公司的“创客绿卡”。其中一项获得中国发明专利奖优秀奖，一项获央企熠星创新创意大赛二等奖，一项获集团公司首届“CASC中国航天科技杯”航天器创客大赛“十佳”项目，一项获五院创客大赛一等奖。

三、创新机理研究更好地指导创新工作

将调查问卷与访谈相结合，开展青年员工创新现状专题调研。通过分析数据，了解到不同工龄青年员工对于创新活动形式有着迥异的需求，创新动力方面呈现了很强的学历特征等规律。在新员工性格与职业期待创新研究中，梳理出“80后”与“90后”的典型性格与职业规划的差异。这些为后续创新活动的开展和青年成长成才政策的制定提供了理论支持。

团·品真谛

在创新驱动发展的战略格局下，在“技术创新型、产业发展型、军民融合型”技术产业集团宏伟目标的指引下，502所青年创新工作，在搭建“星创+”青年创客平台的基础上，探索形成了“3DMaxs”青年创新服务模式，体会如下：

多年来，502 所青年创新工作遵循着“贴近科研中心、贴近实际、贴近青年”的“三贴近”工作思路，让创新工作成为有源之水、有本之木，实现了“需求牵引创新、对标促进创新、机制保障创新”的良性循环。

创新工作坚持“贴近科研中心”。502 所青年创新工作紧密围绕科研生产中心任务，每年定期开展青年创新创效活动，引导青年岗位创新，促进科研生产中心任务的顺利完成。

创新工作坚持“贴近实际”。结合现有条件与资源，502 所团委通过切实有效的政策、载体，盘活专家资源、渠道资源、资金资源，为创新活动提供坚实保障，提升创新活动的吸引力与凝聚力。

创新工作坚持“贴近青年”。502 所团委坚持与青年建立良好的沟通机制，积极了解青年创新的需求与期待；同时，结合所发展，制定创新政策与活动计划，实现上下畅通、共谋创新的局面。

星际空间站

◎ 508 所研发在轨团支部

团·聚星火

508 所研发在轨团支部“团·品”项目——“星际空间站”主要分为三大内容：航天吾创基地、星光基金和英语沙龙。航天吾创基地实施“4 步走”战略，以服务青年光学遥感技术创新为宗旨，以“创客空间”建设为参考模式，致力于为青年搭建遥感创新平台，为中国的前沿科技打造太空之家。星光基金以关注前沿技术创新，对所提供技术孵化服务为定位，形成 508 所前沿创新技术储备库，激发青年创新活力，营造所内创新氛围。同时，以促进 508 所长远发展为目标，同步实现创新渠道项目增量。英语沙龙利用语言架起中外沟通之桥，使青年们在掌握先进技术的同时，不断提高自身英语水平，让我们的星际空间站铺就航天青年往返天地的新通途。

作为研发在轨团支部青年，我们既拥有开拓进取、大胆创新的决心，也有坚持信仰、秉承传统的恒心，更有科研强国、强军安邦的信心。星际空间站本着快速高效的创新模式，为青年搭建遥感创新平台，筑航天梦，续强军梦，圆中国梦。

2018 年，依托 508 所创新工作新时期下的各项重要举措，星际空间站将继续更加积极地推进、鼓励全所青年在技术创新上敢为人先、开拓进取，在新的领域、新的方向上和国际先进对标，在系统集成创新、专业技术创新、前沿领域创新和抢占国际制高点上有所建树。

团·踏征途

2017年，星际空间站作为508所青年创新活动的“急先锋”，开展了各项丰富多彩的活动，深受院、所领导及青年员工的好评。2018年，星际空间站致力于在更大范围内掀起全所青年技术创新热潮，包括以下几方面。

一、重拳出击，优化光学遥感技术青年创新服务基地——航天吾创基地

2018年，航天吾创基地不仅服务所内青年，还首次出京亮相珠海，支持港澳青年创新活动。此外，基地下的吾创论坛每月至少聚焦一个技术主题，采用“线上+线下”联动机制，邀请所内外专家、青年人员共同参与，进行深入交流。论坛目前已成功举办9期学术交流，内容涵盖各种前沿技术领域，专家为来自各科研机构和高校的24位教授或研究员。此外，吾创论坛微信交流群由最初的几十人发展到如今的近300人，覆盖所内各技术部门及院内兄弟所技术人员，积极引导所内外青年员工自主开展高水平的创新工作。

吾创论坛交流讲座

二、设立星光基金

为解决青年们“有技术研发需求，却没有经费来源”的问题，星际空间站专门推出星光基金，激发青年创新活力，营造所内创新氛围，助推青年创新想法落地。作为所创新基金的重要组成部分，星光基金面向青年，一直秉持“梦想牵引 权威指导 不怕失败”的理念，是一个开放、宽松、自由的创新平台，不断发掘具有重大应用前景的创新想法，并提供资金与技术指导，在政策层面简化操作流程。同时，以促进 508 所长远发展为目标，同步实现创新渠道项目增量。

首届星光基金创新成果发布会

三、定期举办“英语沙龙”

研发和在轨支持工作需要密切关注国际相关领域动态，加强国际合作交流，涉及多个学科和领域。为此，提升青年们的英语综合能力，一直是团支部工作的重点。2018 年，星际空间站将继续以“听 说 读写”四个模块作为英语学习的形式，依托“CAST Club”英语学习俱乐部，将科研英语进行到底，培养青年全方位的能力与热情，无论是在日常的科研生产任务中还是在对外交流合作中，都能快速建立起高效的沟通机制。

第三期英语沙龙活动

支部通过“团·品”项目，为所创新工作提供优异的平台，为所青年员工提供创新的舞台，使研发在轨团支部成为所技术创新工作的“星际空间站”！

团·拾趣闻

筹办首届星光基金创新成果发布会时，支部想利用更有趣、更符合青年特点的形象向大家展示各位项目负责人及他们的创新成果。最终，选择了给每位项目负责人设计各自的手绘漫威形象。因为漫威的每个超级英雄都有自己独特的超能力，共同维护宇宙和平。正如星光基金的项目负责人一样，每个人涉猎一个创新领域，不断开发自己的创新超能力，攻克技术难关，共同为中国航天的未来保驾护航。团支部为项目负责人王玉诏选取的角色是“美国队长”。王博士身上有美队的影子，是一位勤恳的实干家，他开发了一台微脉冲激光云高仪原理样机，立志要以自己对新技术的执着报效航天。为项目负责人焦建超选取的角色是“绿巨人”。他是大家心目中的运动健将，一身肌肉正如浩克一样结实，帮助他在探索充气展开式薄膜衍射成像技术的道路上披荆斩棘，迎接各种挑战。为项目负责人江澄选取的角色是“雷神”。江澄的项目名称是“海洋遥感移动实验室”，就像雷神拥有雷电的超能力一样，他面向海洋，利用遥感技术，促进海洋观测设备研制与海洋遥感应用成果产出。为项目负责人王业超选取的角色是“钢铁侠”。钢铁侠是公认的科技天才，王业超也是一位乐于探索新技术的航天新青年。他和团队一起合作的仿生成像识别一体化技术，可实现超大动态范围、超高速、超低数据量的探测效能，为动目标检测探索出一条全新的解决途径。

星光基金项目负责人特色形象

团·传捷报

通过开展各式各样丰富多彩的活动，研发在轨团支部“团·品”项目——星际空间站取得了一定的成效。2018年7月，航天吾创基地首次走出北京，亮相航展之城——广东省珠海市，作为协办单位，与中国教育技术协会创客教育专业委员会和香港大学空间科学实验室等单位共同出席了2018内地与港澳青少年STEM（航天创客）教育交流活动。本次活动共有来自内地与港澳的148支队伍，427名师生参赛。在活动中，吾创基地积极推动青年科学素质的培养，加强港澳同内地的科技合作；普及航天知识，宣传航天文化，弘扬航天精神；以及引导青年树立科学观念，锻炼科学思维，学会科学探究，培养正确的科学态度与责任。本次活动不仅是全国首次举办内地与港澳青少年航天创客教育交流活动，也是吾创基地首次为港澳青年的创新实践活动提供支持与服务，让更多灵感相互碰撞，发挥无限创意。自成立以来，吾创基地一直秉持“做思之吾，创吾之思”的理念，以青年为对象，搭建服务航天的平台，是更高层次的创客聚集地。但是在创客教育方面，尚处于萌芽阶段，还需要向各个有经验的平台学习，与更多机构合作，去到更多地方，将508所的创新品牌更好地推广出去。

团·品真谛

研发在轨团支部“团·品”项目——星际空间站，结合研发在轨青年们的实际情况，分别从以下几点打造特色鲜明、参与度高的“团·品”活动。

一、思想引导

支部充分把握研发在轨青年的思想特点，不断探索各种新模式和新渠道，打造青年们乐于参加、参加受益的思想教育活动。

二、专注创新

依托研发中心深度创新的文化底蕴，通过每期吾创论坛专家讲座、培训等活动，引导广大支部青年不断提高创新素养与能力。

三、文化引领

组织开展丰富多彩的文化活动，不断创新活动形式与内容，积极为支部青年展示才华提供舞台，打造专属文化品牌。

四、人才聚集

积极为支部青年搭建各种平台，引导青年在实践中认清形势、锻炼本领，建设具有长效机制的活动阵地，致力于打造具有一定社会影响力的青年人才服务品牌。

五、教育学习

打造支部青年积极向上的学习氛围，加强学习党的十九大精神、团的十八大精神，集团公司第七次工作会精神、五院战管会精神等，不忘初心跟党走，争当实现中华民族伟大复兴的生力军，为建成航天强国献出芳华。

六、道德风尚

依托对支部青年的各项关爱活动，形成无私奉献、团结友爱的良好人文氛围，打造奋发向上、互助共进的支部品牌。在院团委与 508 所团委的领导与支持下，研发在轨团支部将深入凝聚青年之力，增强基层团组织活力，以新思路、新机制、新方法进一步推进团的各项工作稳定快速发展。

4G高端智库私人定制工程

◎ 512所情报战略团支部

团·聚星火

512所是我国空间科技信息领域的主要研究力量，在“十三五”期间提出了打造空间领域高端智库的目标，这一目标的核心载体即为情报室与战略咨询中心。面对新形势的要求，情报战略研究室必须改变传统的发展模式，积极培育高素质、创新型人才，努力创造高端产品、建立高端影响。在新背景下，如何更好地满足青年员工发展诉求，并与研究室的发展目标紧密扣合，成为摆在512所情报战略团支部面前的问题。

从当时的状况来看，情报战略研究室是一个服务航天30多年的“老”研究室，与此同时又是一个平均年龄只有31岁的年轻化团队。“新”和“老”的冲突与碰撞十分明显：首先是几十年来形成的“作坊式”业务模式老，青年员工则大多接受现代化、灵活多变的工作方式；其次是产品类型偏单一化，但接受互联网思维的年轻人则有很多创意产品想法；第三是根据目前的培养路线，青年被动参与项目的情况多，成才周期长，但成才渴求十分迫切，主导项目的意愿强烈。

在此背景下，团支部于2015年开始筹备、2016年正式启动“4G高端智库私人定制工程”，4G是指4个级别和阶段，具体包括定制创新项目、定制导师投资、定制方案研究和定制成果推广4个步骤，为创意想法提供全流程的定制孵化服务。团支部计划通过此项工程，为每位有创意、有干劲儿的青年打造一个定制化的创新支撑平台，促进青年快速成长成才。

团·踏征途

一、紧密结合业务需求与青年兴趣热点，“定制”策划创意项目

团支部紧密围绕“十三五”智库业务发展方向，积极组织青年开展头脑风暴活动，不设主题、不框定范围，挖掘青年对未来工作的6大兴趣点，并引导青年结合研究室业务发展布局，提出创新项目。为此，团支部开展了为期1个月的创新项目征集活动，收到多份创意计划，申报人平均年龄仅29岁，同时，团支部还邀请科技处熟悉市场业务的同事，开展“搭桥”定向沟通活动，根据潜在的市场与客户主体定制修改创新计划，完善策划方案。

头脑风暴

二、有效组合创意青年与骨干专家团队，“定制”导师投资扶持

团支部遴选了室内各领域专家作为导师团，并组织每位创意发起人

开展路演 PK 活动，说服参选导师为其转身，导师们进行评判选择，从而互选集结成为联合团队。团支部还通过所自主研发专项资金等多种“融资”渠道，积极为各项目团队争取天使投资，经过对任务性质、实施难度和任务量进行成本估算后，本年度获得初期“天使投资”的主要有 6 个项目，获得资助额 5 万～10 万元不等。

三、协调组织对口指导与末位淘汰机制，“定制”全程方案研究

立项之后，在项目方案设计、素材搜集、方案实施、初版评审、终版审校的全寿命周期内，创意导师采取一对一的方式进行定向扶持，直至孵化出最终产品。同时，活动还采取末位淘汰制，经过排位赛和淘汰赛两轮末位筛选机制，对项目进度、成果合理把关，两轮评比后共催生 3 个精品项目。

四、积极融合线上媒体与线下传播渠道，“定制”成果推广创收

团支部根据成果特点、用户市场和传播渠道 3 个方面为每个项目定制了推广方案，如报告类就在传统纸媒进行宣传，数据库类侧重于新媒体渠道，军事项目则主要向军队和军方高校推广，这样线上线下结合，军民用户区别对待，最后实现“高端用户定制投放、核心用户全部覆盖”的推广效果，为创新成果打开了市场的大门，持续扩大市场影响，收获超额效益。

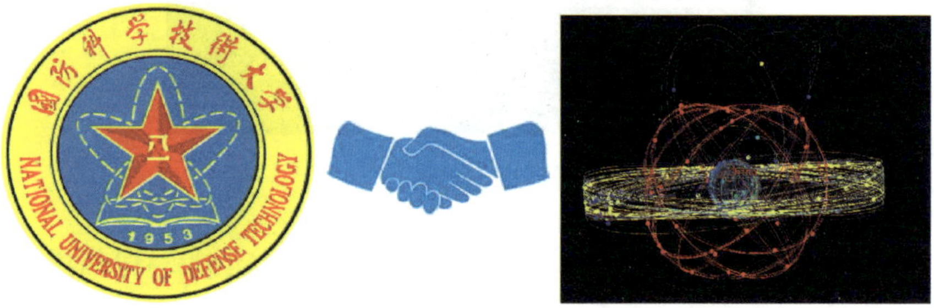

蓝军仿真系统成功与国防科大签约

团·拾趣闻

“团·品”活动中，让团支部印象深刻的是青年的热情参与和所领导的大力支持。

2016 年 7 月 15 日，“创新英雄汇”路演活动召开，本次活动旨在通过“导师–学员”双向选择模式，筛选出最具潜力的创新项目，并从各方面予以有力支持。在与会的数十名专家、领导和青年代表们的关注下，8 个创新项目团队的路演依次开始，所内多个领域总师级专家受邀作为嘉宾导师现场指导，为路演团队出谋划策，并进行点评。路演现场气氛活跃、交流热烈，团队精彩的演讲和“导师转身”环节把活动不断推向高潮。活动结束后，创新团队仍意犹未尽。项目负责人纷纷表示，本次路演活动结合了供求双方的各自优势，及时帮助项目组获得了必要的成长养分；即使未能获得资金支持，通过诸多专家领导的分析指点，也使自己对于创意孵化有了新的思路，促进了创新能力的提升。

青年路演

2016 年 10 月 20 日，借助首届太空经济论坛召开的契机，在原民辉所长的大力支持下，团支部代表获得了对《世界航天发展年度报告》产品进行推介的机会。《世界航天发展年度报告》是“4G 高端智库私人定制工程”“团·品”活动孵化出的极具代表性的精品成果，凝聚了全室员工的智慧，主要结合全年动态积累，综合分析与评述世界航天发展的新态势、新动向和新思路，《报告》共分 12 章，9 个分册，涵盖通信、对地观测、导航、深空探测、载人航天等领域，是国内首创、极具权威性的航天领域年度发展综述性成果，总报告定价 4999 元，包括纸质版和电子版。会上推介效果显著，研究成果得到广泛认可，多家与会单位均当场下单购买，青年员工的创新成果切实转化成为了经济效益。

精品推介

团·传捷报

本次活动展现了青年的能力与风采，收到的效果超出了预期。

一、形成了人才培养“新模式”，促进经验传承、青年创新齐收获

打破以往“传帮带”式成才路径，首次建立以青年为创新主体、以导师作护航指导、以团组织为支撑保障的“三位一体”人才培养思路。

在为期一年的实践创新活动中，青年积极发挥创意、主导新项目、开发新成果、开辟新业务，专家导师倾注优秀经验贯穿项目始终，指导青年迅速担起业务工作大梁。

二、孵化了智库精品“新成果”，带动转型发展、青年能力双提升

围绕智库主业，成功孵化“国外航天信息系统数据库”《世界航天发展年度报告》等精品创新成果，斩获512所首个软件著作权、咨询产品经济效益超50万元等骄人成绩，助推所面向高端智库转型。

三、打造了青年工作“新品牌”，实现多方认可、长效实施共开花

实践创新活动顺利开展，推动大家从质疑与不确定，逐步转变为对孵化成果与青年能力高度认可；通过示范效应，青年员工已将此作为展示才能、提高技能的重要“窗口”，纷纷谋划下一年度创新项目；利用多维渠道宣传，相关精品成果更在国防科工局、集团公司等各级用户中得到强烈反响，促进情报战略青年工作新品牌形成。

团·品真谛

在持续推进“4G高端智库私人定制工程”品牌项目实施，开展以青年为主体的实践创新活动过程中，情报战略团支部充分认识到以下几方面。

一、高效衔接青年成才需求与中心业务发展，是助推青年找准自身定位、提升定向能力的根本所在

面对走高端智库转型之路的必然要求，针对成长需求迫切的

青年队伍，团支部紧紧抓住新老交替、转型升级的核心矛盾，以实践创新主体地位引导青年、以智库业务开拓责任塑造青年，帮助青年认清自身在整体格局转变中的作用与潜力、明晰个人能力发展与提升的方向和目标，最终推动人才成长与所的发展同频共振。

二、深入探索青年兴趣热点与新颖活动载体，是吸引青年积极参与其中、发挥优势特长的重要途径

团支部主动研究青年创新意识强、成才渴求迫切的特点，开展“头脑风暴”，准确把握其兴趣热点、思维方式，改“传帮带”式被动培养路径为互动开放培养平台，为发挥自身优势特长创造最大的“自由度”，这种新颖的活动载体形式赢得了广大青年员工的一致拥护与积极参与。

三、重视开拓青年价值展现与成果推广平台，是激发青年内在动力、催化快速成长的有力措施

团支部在活动中重视对优秀青年、精品成果鼓励宣传，不仅在所内举办多场“路演”，为青年走上舞台、树立个人品牌提供契机，还积极争取各类资源，为精品成果评优、推广示范提供条件，在此过程中涌现出多个发展潜力巨大的优秀青年，引得各方关注与好评。

绿色工厂

◎ 529 厂团委

团·聚星火

当前国家经济发展面临“新常态”，GDP 增速放缓，由片面追求经济发展速度向更加追求经济发展的质量转变。节能降本、绿色可持续发展是国家对企业发展的新要求。而党的十八届五中全会提出了“创新、协调、绿色、开放、共享”的发展理念，首次把“绿色发展”提到了国家战略层面的高度。

529 厂作为五院唯一的一家制造型企业，在“十三五”转型发展的形势下要求继续走降本增效发展之路，“绿色工厂”的品牌项目，其内涵包括节约发展、安全发展、创新发展等，旨在通过团组织的力量调动青年立足本岗、降本增效、推动企业转型发展的创造力，持续形成一批青年创新创效成果，共建“绿色工厂”。

团·踏征途

本团·品项目分为以下三部曲具体实施。

一、凝聚“绿色”思想

2015 年年初，529 厂团委开展了“同享低碳精彩，共赢绿色未来”

青年志愿宣传活动，通过“节能低碳从我做起”的倡议展板展示和签名、向职工发放团员青年手工制作的环保宣传卡、主楼大厅宣传大屏播放公益环保视频、青年自编舞蹈及环保宣传造型等形式，向身边同事宣传“节能低碳从我做起、降本增效促企业发展、共赢绿色未来”的理念。

“同享低碳精彩，共赢绿色未来”青年志愿宣传活动

同时，厂团委面向青年开展“厉行节约、降本增效”征文活动和成本文化作品征集活动，结合公司“成本文化”宣传的要求，发动基层青年的力量去宣传、丰富企业成本文化的内涵。短短 1 个多月，征集主题征文近 30 篇，征集成本文化设计作品 40 多幅，组织评选优秀设计作品 20 幅制作为成本文化宣传页，从厂网主页弹出窗口展示，在全厂职工中引起强烈共鸣。

二、践行“绿色”行动

厂团委发动各团支部将岗位相近或者志趣相投的青年组成“绿色小分队”，开展了以“节约生产我先行”“闪电”行动、“全成本核算启示录”

为代表的 10 余项主题活动，分别结合岗位实际，以青年团队的力量去分析和挖掘实际存在的问题，再通过“技术改进难题、生产效率提升难题、管理流程精简难题”等大讨论，挖掘金点子、好建议。半年时间，各个小分队青年提出合理化建议 50 多条，自行设计改进工艺装备 100 余套。

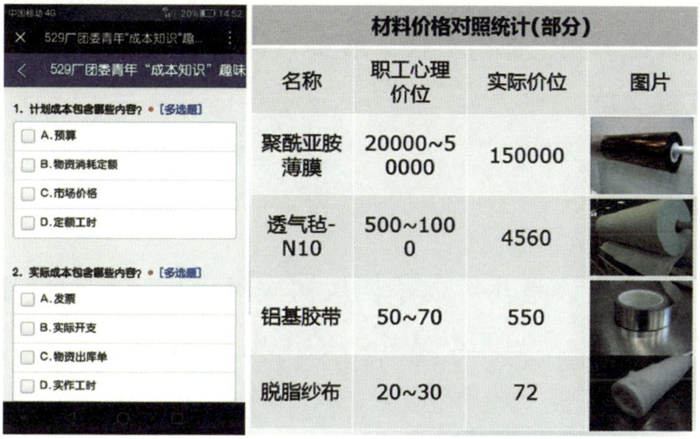

材料价格对照统计(部分)

名称	职工心理价位	实际价位	图片
聚酰亚胺薄膜	20000~50000	150000	
透气毡-N10	500~1000	4560	
铝基胶带	50~70	550	
脱脂纱布	20~30	72	

成本知识问卷和物料成本调查活动

在厂团委举办“绿色工厂”项目总结暨优秀“青年绿色小分队”评比活动中，各团支部绿色小分队汇报的特色成果报告得到了厂领导的肯定，进一步点燃了青年员工深入思考研究、打造绿色工厂的信心和决心。

“青年绿色小分队”评比活动

三、转化“绿色”成果

厂团委总结全年“绿色工厂”的成果，汇集为“绿色工厂”成果集，并且积极与科技委、技术管理、生产管理、一线生产等部门沟通，将青年提出的成果与实际的科研生产对接转化，形成实实在在的效益，并且与人力资源等相关部门对接，落实对青年的奖励、评优、职称晋升等方面的政策支持。

团·拾趣闻

初次见它，应该是几年前了，从初次见面到规模化使用，现在想想，它的确能够载入529厂热表中心的历史史册，现在，大家都亲切地称它——“狼牙棒”。

“狼牙棒”

“狼牙棒”不是武器，而是热表中心表面处理生产时的“神兵利器”，它就是表面处理生产时用于装挂零件并可重复使用的挂具，由于外观极其像古代打仗时所用的狼牙棒，因此，获得了“狼牙棒”的称号。在实际应用时，根据氧化种类的不同，该挂具所用形状也有所不同，挂具上的每一个分枝就犹如狼牙一般，能够紧紧地“咬住”装挂零件，使零件在氧化过程中能够导电，而且不会脱落，不损伤零件，同时装挂数量多，能够对生产效率提升起到很大的作用。

在未使用“狼牙棒”之前，表面处理生产时所用的挂具一般都是铝丝或铁丝。每制作一个挂具，都需要操作者花费较多时间。特别是针对连接件这类零件，数量特别多，每次制作挂具都要消耗大量的人力及时间，极其影响生产效率的提升。而且铝丝弯制的挂具在使用几次，甚至一次以后，就会出现变脆、易折断等问题，无法重复使用。当看到大量使用后的弯制挂具不能再继续使用时，每个热表中心的员工都是“很着急很痛惜”的。

“狼牙棒”投入使用后，解决了很多问题。现在的“狼牙棒”具有较强的韧性，而且放入酸碱溶液中不会产生侵蚀，能够重复利用，不仅解决了手工弯制挂具消耗的人力，而且大大减少了铝丝、铁丝消耗。手工制挂具一次可以装挂二三十件，而“狼牙棒”每次的装挂数量就是100 件，和手弯挂具相比，提高了几倍的生产能力，而且装挂时间很短，能够大幅提升生产效率。“狼牙棒”本身具有一定的重量，与极杠之间结合牢固，而且与零件之间导电性能良好，能够保证产品生产的质量，相比个人手工制作的挂具可靠性更高。

在这个提倡节能减排、提高生产效率、创造企业价值的时代，529厂的青年们一直激流勇进，从不落伍，靠的就是不断进取、不断拓展、一直向前的精神。为了明天会更好，我们能行。

团·传捷报

“绿色工厂”项目覆盖全公司 19 个团支部，各项活动参与青年人数达到 1000 余人次，形成了以车间物料库系统优化、贵重刀具打磨重新利用、总结固化零件加工流程提升效率等 30 余项成果，节省生产成本 200 万元以上。厂团委组织各团支部青年积极通过青年五小成果评比、青年合理化建议、青年工艺技术创新等手段，形成“绿色工厂”青年成果集，包含青年合理化建议40余项，工艺改进成果30余项，间接创造经济效益300万元以上。

厂团委与科技委、技术管理、生产管理、一线车间等部门积极沟通，不仅将青年提出的成果与实际的科研生产对接转化，形成实实在在的效益，同时厂团委还结合实际修订了《529厂共青团工作管理办法》，增加了关于青年降本增效活动管理的相关条目，明确了相应的激励制度，为激励青年“立足本岗，降本增效”的创造力和积极性提供了制度保障。

团·品真谛

“绿色工厂”实践创新品牌活动，通过“思—行—转”三位一体的思路，在全厂青年心中树立了“降本增效，绿色发展”的理念，激发了广大青年立足岗位实际，千方百计实现降本增效的主观能动性，营造了“降本增效，青年先行”的浓厚氛围。活动形成的许多成果都转化为厂成本文化的建设与落地的智力支撑。

“绿色工厂”实践创新品牌活动，有效覆盖了生产、技术、管理各条战线的青年群体，通过行之有效的教育方式，让青年认识到了从本职岗位做起、尽每个人的力量去提升自己的工作效率的重要性，每名青年改进提升一点点，汇聚企业降本增效提升的大能量，创造了一定的经济效益，成效显著。通过团委搭台、青年唱戏，推进了青年成果的应用与落地，建立了有竞争、有转化、有激励的长效机制，奏响了青年员工在企业降本增效发展中的精彩乐章。

在529厂团委的精心培植下，青年“降本增效”教育树已经成长得枝繁叶茂，它正以勃勃生机影响带动一大批青年人立足岗位、从小事做起，节约成本、提升效率，努力打造“绿色工厂”。未来，529厂团委还将继续坚持“绿色工厂”品牌，充分发挥青年降本增效的主观能动性，为企业向着做强做优的目标发展贡献力量。

青年大讲堂之“星空大咖秀”

◎ 航天恒星科技有限公司团委

团·聚星火

航天恒星公司团委以加强青年员工的思想教育工作为宗旨，着力提升青年员工的整体素质，结合公司业务领域“满天星”的特点以及青年特点，将时下流行的名人访谈节目与公司青年的思想教育活动相结合，为青年“观众”打造真诚、舒适、互动的思想交流平台。

每次活动前，公司团委都会面向全体青年开展讲座需求调查，公开征集讲座选题，不断充实讲座内容。并提前对嘉宾的背景、事迹进行宣传，收集观众关心的问题，提高交流的针对性。活动通过“主持人手记”“大咖真人秀”“十问十答”“说出你的故事”“青春寄语”五个环节，向青年观众传递成长的正能量。活动邀请的嘉宾有公司内外部专家和领导、杰出人才、各界明星等，用知识的力量鼓舞青年、塑造青年、引导青年、培养青年，帮助广大青年树立坚定的理想信念，促进青年综合素质的全面提升。

团·踏征途

一、学一项技能，传递爱心的力量

公司团委的星光志愿服务团队常年定期开展技术帮扶和爱心帮扶活

动，他们用实际行动践行着志愿服务，他们用汗水绽放着青春的光彩，彰显出航天青年的社会责任。为了让青年掌握更多的技能和知识，为更多人服务，更好地培养青年员工的公民意识，公司团委请来了北京绿舟应急救援促进中心的教官，对青年员工进行了 CPR 及医疗理论知识的讲解及实操培训。

学习理论知识

急救员新鲜出炉

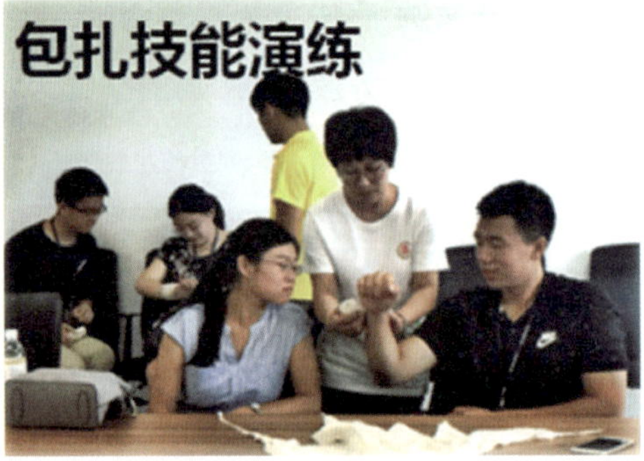

包扎技能演练

心肺复苏实操

二、讲一个故事，坚守最初的信念

白杰是北京音乐广播 FM97.4 的制作人、主播，他主持的《动感101》《先听为快》《花花体育》和《娱乐最王牌》节目受到许多人的喜爱。这样一个站在时尚前锋的节目主持人，对于我们来说，既神秘又遥远，而且很多人会觉得他们的工作不需要太多技术含量，出名很容易，那实际情况又是什么样的呢？他是不是也经历过艰难抉择、不懈奋斗和挫折失败呢？这正是我们想告诉青年的。团支部经过与白杰协商，举办了“男神驾到”活动。在活动当天，白杰以自身的经历和顽强的精神打动了青年，向青年观众传递了成长的正能量，同时也让白杰与航天青年有了一次亲密接触，对于双方来说，都是一次大开眼界的机会。

男神驾到——主持人

男神驾到——现场互动

男神驾到——说出你的故事

男神驾到——合影

三、听一段人生，把握宝贵的青春

为进一步拉近青年和党委书记的距离，为大家提供向公司领导建言献策的平台，公司团委请来了公司党委副书记王涛，主题就是“非常零距离”，这里的“零距离”有两重含义，一个是青年员工和公司领导之间“零距离”，另一个是生活与工作之间“零距离”。此次活动除了提前造势，还在选址上下了一番功夫，把活动地址选在了云岗站，不仅可以让领导面对青年的“花式提问”从容拆招，还可以带领大家参观云岗站，了解公司的“发家史”。

“非常零距离”活动现场

“非常零距离”活动合影

团·拾趣闻

王涛副书记在 2016 年 7 月来到航天恒星公司后，很快就以亲和儒雅的气质、大力推进惠及员工的政策获得了广大员工的好感和认同。能不能把他打造成为公司青年中的 idol（偶像）呢？在青年大讲堂之“非常零距离”的前期，为了给这次的活动渲染气氛，公司团委提前制作了一期微信推送，向青年们隆重推出了这次的嘉宾——王涛副书记，并广泛征集各类问题，可以一本正经地问诗和远方，也可以脑洞大开地问领导八卦，活动很快就收到了上百条五花八门的问题。而通过这次活动，我们发现，虽然王涛副书记对如何融入工作环境和快速提升能力谈得并不多，而是讲述了他从小养成的读书习惯、青年时对自己的磨练、对自己影响最大的朋友这种琐琐碎碎的生活小事，但从他的叙述中流露出的坚强意志和人生感悟，还是令大家动容。活动过后，好多员工在朋友圈里

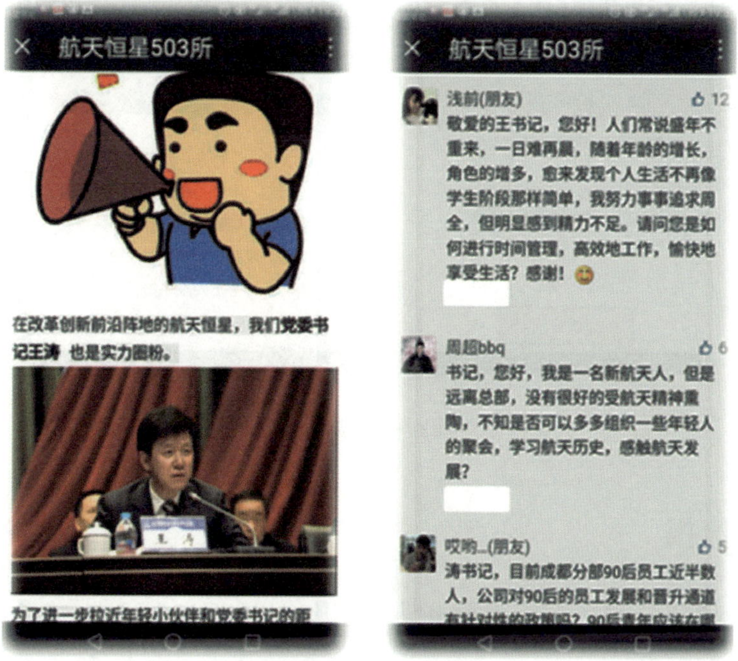

王涛副书记对话微信互动

都转发了这次活动的报道，而且写了很多自己的感受，这是非常罕见的，说明大家都被打动了，也融入到了这种氛围中。所以，公司团委又做成了一期名为“以青春的名义，注释成功”的微信推送，基本上是原汁原味地将公司领导在会上的回答呈现给大家，让更多员工感受到他话语中的真诚和力量。从此，他的“年轻不是劣势，没有哪条路是别人帮你设计的”“要把最方便的事情留给别人，把困难留给自己”“能够让自己站立的永远是自己，让别人瞧得起你自己的途径只有自己挺直腰板”，这些话语都成了青年们津津乐道的“金句”。

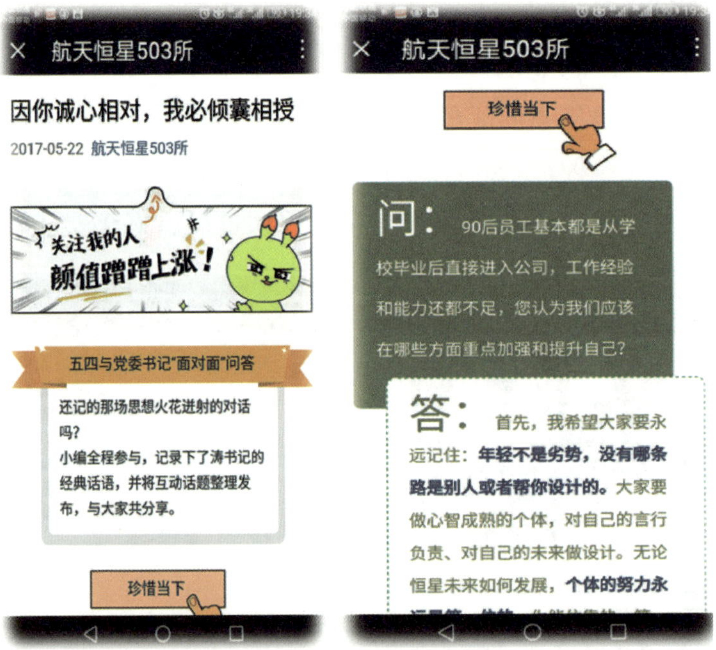

王涛副书记微信互动

团·传捷报

“一堂课”，带青年玩转知识——传统的讲课已经无法满足青年员工的需求，青年大讲堂让每一位青年员工参与其中，他们既是内容的学习者，又是内容的生产者。青年大讲堂的模式有效地提升了青年员工的积极性，成为青年拓展知识面、激发创新思维的平台。

“一本书”，带青年博古通今——在新的时代背景下，虽然你刷得了微博，玩得了微信，但也不能放弃读书、看报。青年大讲堂的每期嘉宾都会在“青春寄语”这个环节向青年员工推荐一本书，读书成为新时尚。如今在恒星公司，书声琅琅、翰墨飘香，已形成了具有特色的创新文化。

“一专网”，带青年零距离互动——六地青年通过公司视频会议的专网系统实时参与其中，并通过直播平台，与嘉宾“观众”实时互动，极大提高学习效率、质量和覆盖率，增强了各地青年之间的交流与学习。

团·品真谛

实施打造青年大讲堂的品牌活动，对发挥共青团的组织优势，全面提高团组织的影响力和感召力具有重要作用。

一、把握方向，突出一个“准”

准确把握时代脉搏，摸清青年特点和青年需求，才能引起共鸣，吸引更多青年参与。举办这个活动的过程，无论对于公司团委这个“制作方”，还是对于作为“观众”的广大青年员工来说，都是一个成长与成熟的过程。对于公司团委来说，通过这个活动，可以越来越清晰地了解到青年员工的喜好和诉求，可以为以后更好地创新活动模式搭建平台；对于青年们来说，通过这个活动，不仅开阔了视野，而且从不同人的身上看到了相同的优秀品质，并努力学习和效仿他们。

二、精心策划，力求一个“新”

团的活动有创新才有活力，公司团委克服种种困难，邀请社会大腕明星、航天各领域专家等，注重活动内容、活动形式、活动手段的创新，精心设计了一系列主题鲜明、特色突出、形式多样的大课堂，让青年参与其中，增强工作的吸引力和感召力，达到潜移默化、润物无声的教育效果，引领广大青年员工向着更好、更健康的方向努力成长，营造积极向上的科技文化氛围。

三、注重实效，追求一个“实”

公司团委在组织青年大讲堂活动期间，制作展板，前期预热，广造声势，既轰轰烈烈，又扎扎实实，在广大青年喜闻乐见的形式中追求工作效果。团的活动不仅要求方向准、策划好，还要收到突出的实效。公司团委要通过青年大讲堂活动的开展，把实效最终体现在公司党政领导首肯、青年员工的认可、满意上，这既是团工作的出发点，也必须是团活动的落脚点。

第四篇

志愿服务、保障中心

团的十八大报告指出，青年要甘于奉献，积极服务人民、贡献社会、报效祖国。五院团委坚持实践育人，引领团员青年积极服务社会，在团员青年中深入培育和践行社会主义核心价值观，支持鼓励青年参与社会公共服务，发挥航天特有资源优势，积极承担社会责任，组织团员青年在重大赛事支持、关心关爱农民工子女和航天知识科普等活动中奉献爱心，使青年在社会实践的历练中受教育、长才干、作贡献，在全社会亮出了五院青年志愿服务组织的靓丽名片，展现了五院青年良好的精神风貌。

“不忘初心，草原同行”神舟希望小学捐资助学活动

◎ 载人航天总体部团委

团·聚星火

神舟希望小学所在的内蒙古乌兰察布市四子王旗有着“美丽草原、神舟家园”的美称，是国家级贫困县，也是神舟系列飞船主着陆场，神舟一号飞船至神舟十一号飞船均在此圆满完成返回任务。每次到四子王旗执行飞船返回任务，队员们都像回到了家一样，在当地人民的帮助下顺利完成任务，由此四子王旗人民与航天人结下了深厚的友谊。虽然在地理版图上，北京航天城距离内蒙古四子王旗很遥远，但在载人航天总体部的员工心里，他们与几百千米之外的四子王旗没有距离。那里不仅是神舟飞船安全回家的地方，也凝聚着他们十年的爱心守候。2006 年，通过拍卖神舟六号飞船搭载的艺术作品《骏马图》，五院与中国文联筹得 180 万元善款，全部捐予内蒙古青少年发展基金会，修建了神舟希望小学，2009 年，载人航天总体部在成立后接过了爱心接力棒。十年如一，神舟团队用十年时间，将涓涓细流汇成大爱，始终不忘初心，与草原人民同行，形成了一套独具特色、成效显著的捐资助学模式。

团·踏征途

精准帮扶“一对一”，有效降低辍学率。从 2006 年第一份捐资助学协议签订之日起，十年间，神舟团队坚持在每年开学季与学校老师共同摸排新生状况，在学期中跟进学生动态，由员工一对一认捐贫困生，捐助人数从十年前的 20 多人，增加到 2018 年的 100 人，累计帮扶贫困生 864 人次，捐款 182800 元。为切实帮助有实际困难的孩子，团队成员定期与学校老师联系，了解学生现状，在中秋节、春节等传统节日与孩子一对一通信，并根据学生实际困难捐赠实物。

开展一对一捐资助学活动

融入科技新元素，拓展帮扶新途径。从 2011 年捐赠第一批电脑为孩子们搭建网络教室，帮助孩子们通过互联网了解世界起，到 2017 年通过众筹为学校捐建“神舟书屋”；从 2011 年举办第一期神舟科普讲堂、组织青年员工义务授课、捐赠文体用品起，到为神舟希望小学老师与北京市万泉小学老师牵线搭桥，组织教学交流活动，再到 2017 年举办科普大讲堂，2018 年捐助载人航天特色科普教材，全面覆盖学校各年级，神舟团队不断拓展帮扶途径，将航天知识带到学校，让航天种子在孩子们心中生根发芽。

捐助神舟书屋，开展科普讲座

从重扶贫转向重扶志，神舟团队多次到学校开展助学活动，从走出去，到请出来，不断丰富孩子们的精神世界。2017 年 4 月，神舟团队联合团中央，组织来自内蒙古、云南等地贫困学子走进海南文昌发射基地，现场观看天舟一号货运飞船发射，身临其境感受祖国航天事业。8 月，神舟团队联合团中央、中青网开展“民族少年手拉手 航天精神代代传”活动，组织内蒙古、云南青少年去天安门、北京航天飞行控制中心、五院等地参观学习，与中国首位女航天员刘洋亲密互动，激励孩子们牢记习近平总书记嘱咐，仰望星空、脚踏实地，珍惜时光、努力学习，用知识改变命运、回报社会。

开展“民族少年手拉手 航天精神代代传”活动

团·拾趣闻

2017 年年初，载人航天总体部货运飞船机械总体副主任设计师韩彬抵达海南文昌，为“天舟一号”的发射任务做最后的准备。当韩彬听说他一对一资助的孩子田忠英即将来到文昌参加部团委组织的活动，惊喜万分的他特地准备了一份精挑细选的礼物。两人见面时激动不已，田忠英同学流下了眼泪，激动之余她为大家献上了优美的佤族舞蹈，浓浓的暖意在发射场中流转。

十年来，航天五院与家庭贫困学生开展一对一捐资助学活动，为表达对五院科技工作者的感激之情，神舟希望小学的同学亲手制作了花束、卡片等送给叔叔阿姨。

神舟希望小学的同学亲手制作的小礼物

团·传捷报

活动从传递爱心帮助贫困学生、予人玫瑰手有余香、传播社会正能量三方面取得效果。

一、传递爱心帮助贫困学生

从2006年第一次捐资助学起，神舟团队坚持在每年开学季与学校老师共同摸排新生状况，在学期中跟进学生动态，由员工一对一认捐贫困生。项目实施以来，神舟希望小学学生辍学率逐年下降，许多被一对一帮扶的孩子都升入了当地重点中学。学校的基础条件和师资力量也不断增强，申请成为了航天特色学校。神舟团队不断拓展帮扶途径，将航天知识带到学校，让航天种子在孩子们心中生根发芽。

二、予人玫瑰手有余香

在载人航天总体部的员工看来，让科技与文化走进草原、走入孩子的心灵是十年爱心援助最深远的意义。每次见到贫困受助的孩子，员工都与孩子们分享一些自己成长的经历，帮助孩子们树立克服困难的信心，鼓励他们用知识改变命运、建设家乡，这何尝不是对员工自我心灵的一次洗涤，何尝不是对员工在型号工作中遭遇挫折时的一次鼓励，鼓励员工在困难和挫折面前，不忘初心，再出发。

三、传播社会正能量

2017年载人航天总体部与团中央网络影视中心联合开展项目，项目受到团中央、内蒙古自治区团委及四子王旗旗委等多方充分肯定，2017年的活动更荣获中央网信办“五个一百”网络正能量精品荣誉，被中央各主流媒体广泛报道，获得了良好社会效应。

团·品真谛

载人航天总体部团·品志愿服务活动的目的是围绕型号、服务青年，引导青年传承航天精神，传播航天文化，坚定为祖国航天事业努力奋斗的决心和信心。活动中，从老专家到青年才俊，从领导到普通员工全员参与，大家在完成型号任务的同时，也在不断地体会和学习载人航天精神，更重要的是传承和弘扬这种精神。

通过深化与内蒙古四子王旗神舟希望小学的捐资助学活动，让青年感受到社会对航天事业的关注、对航天青年的关爱，提升了青年荣誉感、责任感，进而激发凝聚力和战斗力，促使青年在事业奋斗过程中成长成才。用实际行动继承和弘扬航天精神，使青年在困难和挫折面前，更加坚定理想和信念，不忘初心，勇于前行。

“能量满格”爱心工程

◎ 总体部电子信息事业部团支部

团·聚星火

在荆棘丛生的山野上，有一种最艳丽的花朵，那就是孩子的笑脸；在浩瀚无垠的天际中，有一颗最明亮的星星，那就是孩子的眼眸。在偏远的贫困山区，有一群可爱的孩子，因为生活贫困，他们面临辍学的危机；因为家庭不幸，他们过早地品尝了生活的艰辛。

在总体部政工处和团委的帮助下，电子信息事业部团支部联系到了河北涞源县贫困小学之一的东团堡中心小学。中心小学坐落在涞源县的偏远山区，在那里，有一群纯朴、善良、懂事、努力的孩子，他们没有基本的生活条件，可是他们非常珍惜生活；他们没有城里孩子的自信，可是他们非常懂得感恩；他们热爱学习却温饱难求；他们纯真却无助；他们唯一的梦想，就是有书读，希望自己快一点长大，为他们艰难的家遮风挡雨。

这些孩子可能还不知道，有一个默默无闻的组织，正要用实际行动为他们做点实事。这个组织的名字，是总体部电子信息事业部原 18 室团支部。总体部原 18 室是供配电工程技术研究室，主业正是航天器的能源系统，也刚好聚集了一只“能量满格”的青年队伍。团支部书记王超和青年骨干们一起策划了“能量满格”爱心工程，包含了“公益聚能”“义卖蓄能”和“爱心释能”的系列活动，不仅要把温暖和爱心送到孩子们手中，还要把理想和希望带给他们。

团·踏征途

一、公益聚能——第一堂启蒙课

“公益人生，从心开始。”为激发大家的公益热情，团支部请到了著名公益大使李晓辉，讲授第一堂公益启蒙课。晓辉有自己独立运营的爱心志愿团队和公益项目，是奋战在慈善一线的公益榜样人物。他传授了专业志愿者的心法，也带来了他参与“天使之家”“临终关怀”“爱心奉粥”“励志助学”的故事。这堂震撼心灵的公开课，让“助人为己”的理念深植人心。

第一堂公益启蒙课

二、义卖蓄能——竞拍有情，爱心无价

2015 年 11 月 7 日，入冬以来的第一场大雪翩然而至，团支部恰好在这一天为涞源山区的孩子们举办了“以小爱见大爱”慈善拍卖活动，

为孩子们筹集公益助学款，这场大雪仿佛在见证“雪中送炭”的爱心善举。

活动人气爆棚，拍品更是精品众多：院士签名版首日封、精美手工模型、崭新的车载 GPS、香水套件、珍藏的山水画、崭新的吸尘器、酸奶机，还有拍卖自己司机接送服务的，更有别出新意拍卖自家种的“期货”作物的……经统计，此次竞拍共成交 39 笔，无一流拍！

竞拍结束时，大家都激动地鼓掌——不仅为我们的爱心鼓掌，更为孩子们的未来鼓掌！欢乐的互动充分激发了组织活力，让大家的凝聚力爆棚！

爱心义卖

三、爱心释能——爱心微课堂讲师团

如果说爱心义卖为孩子们提供了一些物质帮扶，那么这一板块则是更加走心的精神帮扶，因为送什么都不如送知识、送理想、送希望！团支部成立了爱心微课堂讲师团，号召每位讲师录制 1 分钟的小视频，讲解一个小知识、小概念，帮助孩子们开拓视野、传授知识、播种希望。

爱心微课堂讲师团

爱心微课堂讲师团得到了广大青年的热烈响应，它不仅仅是一个为孩子们传播正能量的平台，更是打造了一个展现航天人才华和魅力的专业秀场！大量的作品纷纷寄来，有两位在德国和加拿大交流的同事也第一时间把在国外录制的视频发了回来。惊喜之余，也有让人感动的小插曲：一位爱心讲师给孩子们录制了两个小魔术，她谦虚地说自己不太会讲课，就用魔术给孩子们带去一点快乐吧，毕竟让别人快乐也是一种公益。

爱心讲师风采一览

团·拾趣闻

从大家高涨的热情和热烈的气氛就能看出，在本次“能量满格”工程的系列活动中，爱心义卖活动是当之无愧的人气之王！

早在活动的策划阶段，大家就已经按捺不住内心的热情了，热心的同事纷纷拿出自己心爱的物品提前“推销”；大家都在讨论怎样把自己的物品卖个好价钱，为孩子们多做点贡献；因为出差不能参加现场竞拍的同事，准备通过电话进行“场外竞拍”，或者干脆找好了“经纪人”代理现场竞拍业务。更有场外的爱心同事提前“锁定”了拍品：无论现场叫价多少，都加一口价！甚至有爱心爆棚的同事扬言要打“慈善榜”！竞拍还没开始，同事们暖暖的爱心已经为活动做足了预热。

这里要特别说说那位因出差不能到场提前锁定拍品进行场外竞拍的同事，因有约在先——无论现场叫价多少，都加一口价！所以大家

爱心义卖进行时

也没让他失望，通过“大力协同”，将价格抬到了一个不低的价位。面对大家善意的玩笑，他不但没有生气，反而自己都被逗笑了。

这是一场爱心的盛会，更是一次精彩的团建。志愿者们不仅把爱心传递给了需要帮助的孩子们，也把“能量满格”活动的趣闻轶事讲给他们，让他们知道，有一群热心的航天人，在一直挂念他们的成长。

爱心志愿活动

团·传捷报

带着“能量满格”爱心工程的丰硕成果，团支部的志愿者队伍两次走进涞源东团堡中心小学，开展了形式多样的助学服务，在给那里的孩子们送去温暖、关爱、理想和希望的同时，也历练了支部的志愿者队伍，让大家在认识公益、感受公益、践行公益中成就自我。

“能量满格”爱心工程，有三个层面的成效。

公益价值层面。团支部为东团堡中心小学的几位特定帮扶对象给予了精神和物质的对口帮扶。为孩子们在物质条件方面和理想信念方面都提供了有效的帮助，尤其是在建立信心方面。志愿者也和孩子们建立了长期的联络通道，精准帮扶和精神帮扶得到了充分的体现。

品牌效应层面。团支部通过这次爱心工程系列活动，产生了实际的公益品牌效应和社会价值效应，活动形式在经曝光和宣传后，影响了很多其他单位的组织，让好的活动思路和想法得到了更广泛的传播和应用。

团队建设方面。“能量满格”爱心工程，让原18室成为了一块公益助学活动的阵地，每个人的公益意识得到了普及和深化，在这里，公益活动真正地深入人心；在这里，每个人谈起公益，都有一连串的精彩故事向你倾诉；在这里，公益助学活动成为在业务工作之外将大家的情感维系在一起最好的纽带。

团·品真谛

在持续开展“能量满格”爱心工程的系列活动、推进青年志愿者队伍建设的过程中，团支部充分认识到以下几点。

一、加强青年公益意识引导，是激发公益热情的重要前提

结合团支部青年组织的特点，邀请具有影响力的公益榜样人物进行专业引导，是激发青年的公益意识和热情的重要启蒙实践。

二、创新青年公益活动载体，是实现凝心聚力的关键要素

为了充分发动青年广泛参与公益活动，团支部开创了爱心义卖的创意活动形式，让捐物者和竞拍者都能获得成就感。以爱心义卖活动为主要抓手，开展团队建设，活跃团队氛围，增强团队凝聚力。

三、搭建青年价值展现平台，是提升内在动力的有力措施

为更好地建设青年志愿者队伍，充分激发青年内在动力，提升志愿者成就感，团支部开展了爱心微课堂讲师团的实践，借鉴自媒体的思路，发挥科研团队的专业学识优势，打造专业秀场，充分激发青年组织活力。

“能量满格”爱心工程深入贯彻了国家关于精神帮扶的重要指示精神，实现了将公益深植人心，在青年队伍中形成了良好口碑。一位志愿者在亲历本次“能量满格”活动后写道：“公益不是救济和施舍，不是工作，不是炫耀的资本。公益是我们生命的必需，也是一场心的旅行。参与公益，是为了让我们的心更包容，更平和，更懂得感恩，更懂得付出，更珍惜当下，这种心境，会带给我们一个自在富贵的人生，甚至，改变我们的命运。”

微 关 怀

◎ 总装与环境工程部团委

团·聚星火

“人文关怀”是在特定的社会时代背景中对人生存状况的关怀，关注人的相对变化的生存和发展需求，实施具体有效的关怀。良好的人文关怀机制有助于缓解青年员工压力，提升青年员工满意度，进而提升企业整体凝聚力。如何采取更适应当前航天企业实际的人文关怀措施，满足青年员工多层次、个性化、时效化的需求，缓解航天企业青年员工的心理压力，提高青年员工的乐业度和忠诚度，营造和谐团队氛围是本项目的立项初衷。

为了减轻员工压力，航天大部分企业都建立了相应的人文关怀机制，但是，新形势下常态化的高负荷工作造成员工工作、生活、心理压力骤增，他们对人文关怀的需求随着压力的增大而更加强烈、更加具体。另外，当前复杂的社会环境造成青年员工的需求呈现多层次、个性化、时效化的特点。传统的人文关怀具有局限性，不能够及时、高效地满足青年员工的这些需求，造成青年员工的部分需求得不到满足，如果越来越多的需求不能够得到及时满足，将影响整个队伍的心理状态，引发青年员工情绪抑郁等心理问题。“微关怀”突出关怀的短、频、快，提倡就地实施措施满足青年员工需求，减少压力的负面影响，从根源上缓解青年员工出现紧张情绪和疲劳状态。

团·踏征途

《辞海》中，“微”意为小、细，“微”注重向个体和微观发展。“微关怀”是人文关怀具体化、细致化的体现，是人文关怀的一个组成部分。“微关怀”是一种群体个性化、响应快速化、措施多样化的人文关怀措施，是人文关怀在实际工作中的深化落实。“微关怀”立足于员工需求，突出“微”的意义，“微”代表的是随时随地、短频快地表达意思。“微关怀”旨在通过主动了解青年员工合理需求，采取高效、机动的有效措施给予青年员工关怀，让青年员工的合理需求得到满足，使得人文关怀更加合理化、系统化、有效化。

总装与环境工程部是航天五院航天器系统级装配、集成与测试任务的技术实体，是世界上几个大型航天器 AIT 中心之一，员工构成总体上呈现出年轻化、学历高的特点。年轻化决定了员工的思维和价值取向，学历高决定了职工对企业管理环境和工作生活环境有较高的期望值。

一、建立“微关怀”工作机制

总装与环境工程部通过建立“微关怀”工作机制快速响应青年员工需求，与传统人文关怀需要经历“获取并分析需求—综合策划—资源保障—措施实施—效果评价与改进”流程不同，“微关怀”强调第一时间获取需求，缩短关怀措施响应流程，突出短、频、快的特点。每当获取一个青年员工群体的需求后，先判断是否属于“微关怀”范畴，如果不属于，采取其他解决途径，如果属于“微关怀”，即刻到措施库中查找是否已有对应的有效措施，如果有，就直接采取对应措施给予青年员工关怀，若有效措施库中没有对应措施，就采取新措施，并根据效果对措施进行评价，达标的可将“微关怀”措施固化，形成成果，并将措施纳入到有效措施库中，否则采取新的措施，直到青年员工满意为止。

（一）青年员工需求获取

有效的人文关怀必须立足于员工需求，青年员工“微关怀”实施立足于青年员工多重多变的需求，通过畅通青年员工诉求通道，广泛征集青年员工需求，确保需求的时效化、个性化。总装与环境工程部为了畅通部领导与青年员工交流平台，开展了青年员工心声调研，同时以月为周期，设立了领导接待日制度，同时设立领导信箱方便日常诉求反映；定期召开各级团组织例会，及时分析青年员工思想动态，了解青年员工困难，丰富和拓展了与青年员工沟通交流的载体和渠道。“微关怀”工作重心下移，变“浮上来”为“沉下去”。确保青年员工诉求有处反映，青年员工困难有人负责。

部领导与青年面对面

（二）“微关怀”界定

针对青年员工需求，首先判断其是否满足“微关怀”的特点，需求是否具有个性化、时效化特点。符合“微关怀”特点的需求即响应“微关怀”工作机制，否则根据需求情况报送部党委层面统筹策划。实际执行过程中，“微关怀”的界定并不是一刀切，而是根据实际情况判断，具有一定的灵活性。

（三）建立有效措施库

在“微关怀”实施过程中，通过分层次建立有效措施库满足员工需求。班组是青年员工情况的第一手掌握者，是实施“微关怀”的首要层面，班组可针对青年员工加班实施后勤保障、加班倒休、临时岗位互补等措施；研究室层面，针对发射场试验队及大型试验，开展后方青年志愿服务活动，主动关心、慰问参试人员及家属，定期组织员工集体生日，关注员工思想动态、生活情况，慰问困难职工等；部层面，针对单身青年较多的现状，举行单身联谊，关注青年员工子女教育，开展亲子教育、亲子讲坛、子女夏令营等，针对女职工健康举办系列健康讲座，坚持开展舞蹈课、瑜伽课等，不断固化有效措施，丰富有效措施库。

儿童关爱活动

青年单身联谊活动

二、调查需求，查找压力源

著名人本主义心理学家罗杰斯通过研究后证实，年轻人和受教育程度高的人对自我实现需求的欲望较之常人更为强烈。航天企业职工由于呈现年轻化和学历高的特点，他们有更深层次的需求。

近年来，随着房价、物价疯涨的社会形势，航天企业青年员工面临单位、社会、家庭等多重压力，这些压力影响了员工工作积极性，有的员工开始抱怨，有的开始懈怠，甚至有些年轻员工承受不住压力选择了离职。这些新形势下的新问题给我们提出了新挑战，为了提高人文关怀的针对性和有效性，部团委适时开展了员工压力调研，采用问卷调查和访谈相结合的方式进行，由专业咨询机构具体实施，确保调研的广度、深度和信度。调研共发放问卷 638 份，收回有效问卷 574 份，无效问卷 64 份，问卷有效率约为 90%。

调研针对员工存在的压力进行压力源调查分析，将压力源分为了13项，得知员工最主要的压力来源是薪酬待遇低（赞同率达58%），其次是工作生活不能平衡（赞同率达48%），个人发展不明确（赞同率达46%），健康问题（赞同率达38%），家庭问题（赞同率达37%），个人能力得不到提升（赞同率达32%），另外还有来自其他方面的压力，但比例相对较少。

团·拾趣闻

部团委坚持“青年心声我来听”，使青年思想倾听工作在“部团委、团支部、青年”三个层级延伸铺展。仅2018年，部团委通过一线调研、专题座谈、加班慰问等形式收集并答复解决青年员工在个人思想、职称评聘、子女入学等方面的20余项心声。同时，部团委坚持每月“纵向收集、横向汇总、协调解决”，一年来收集、协调解决发射场青年后方关怀等需求32项。此外，总装与环境工程部各团支部坚持开展青年思想动态分析，与团员青年及时谈心，有效保证了青年员工队伍思想动态稳

青年思想畅聊

定。对于因为工作繁忙加班频繁的青年，部团委组织元旦、春节、劳动节、国庆节等假期进行加班慰问，为加班的青年员工送去关怀。对超常规工作型号实施重点保障，如某型号卫星，在工作量翻倍的情况下，工期缩短至正常周期的一半，我部员工连续半年 24 小时鏖战，青年员工在工作中承担主力军角色，部团委靠前站位，为青年员工现场协调解决问题，鼓舞士气。同时部团委开展青年试验队员"星语心愿"活动，为青年试验队员达成家属生日送祝福、家属看病接送、邀请家属到部交流争取理解和支持等心愿，为青年试验队员当好家里的"顶梁柱"和"主心骨"。

团·传捷报

总装与环境工程部团委借助"微关怀"工作机制对员工采取了一系列"微关怀"措施。通过结合"微关怀"的三个特点有针对性地开展关怀工作。

一、结合群体个性化，有的放矢、对症下药

针对群体个性化，部团委通过了解不同青年员工群体的工作、生活和个人发展的具体需求，做到不同群体实施不同关怀 ，切实达到有的放矢、对症下药。对压力源中"个人发展不明确"的新员工等特定群体，采取发布员工职业发展指导手册、设立督导师、分级举行新老员工座谈会等措施；对个人能力提升方面，分不同青年群体，如班组长、一线技术技能人员群体，分别制订专项青年培训计划，有针对性地开展青年班组长专题培训、青年一岗多能培训；对压力源中有"家庭"方面问题需求的年轻夫妻、孕妇等相关群体，采取在"微关怀"信息平台上发布流程、举办准妈妈经验交流会、组织孩子交换玩具活动、邀请银行方到部里集中办理无抵押贷款等举措。

孕期青年关爱

为青年集中办理无抵押贷款

二、黄金时间，不容错过，确保响应快速化

有些员工的需求或困难，需要在第一时间响应，立即采取措施。对陪同在靶场执行任务的青年家属产检的需求，部团委采取了发动青年志愿者进场前一周与家属联系，定期陪同产检的关怀举措；对有特殊困难的需求，部团委两天内了解具体情况，并赴青年员工家中慰问；针对国际市场开拓需求，部团委一周内成立了“爱语”青年英语俱乐部，开展系列英语培训与英语角等活动。

三、结合实际，实现措施多样化

通过结合实际需求，创新形式、拓宽渠道等多样化措施，切实为青年员工解决实际困难。对“平时加班多，陪同家人时间少，家属的理解和支持有待加强”需求，部团委邀请青年家属参观新建成的部组件中心，使青年家属走近航天，了解航天；对“个人健康”方面的需求，部团委分别采取了“外请专业老师，每周一次瑜伽课”“请中医健康义诊、开展青年健康咨询、青年健康讲座”等多样举措。

通过“微关怀”工作流程的实施，总装与环境工程部青年的人文关怀得到进一步完善，一系列的“微关怀”措施极大缓解了青年员工压力，提升了青年员工的航天归属感。通过走访、座谈、意见征集、满意度测评等方式，青年员工更加关注总装与环境工程部的发展，主人翁意识得到提升，乐业度明显增强。

团·品真谛

一、“微关怀”承认人的差异性、特殊性，具有群体个性化特点

群体个性化指的是不同背景的青年员工群体需求不同，具有个性化特点。我们常说的企业人文关怀面向的群体基本都是全体职工，其覆盖面广，但一般这样的人文关怀次数有限，形式有限，不能满足有多重针对性需求的各种群体，比如单身群体、准妈妈群体、新员工群体、基地参试人员群体等。

二、“微关怀”注重时效性，具有响应快速化特点

响应快速化是指获取青年员工群体需求后，通过“微关怀”

平台，快速响应青年员工需求。传统的人文关怀需要经历“获取并分析需求—综合策划—资源保障—措施实施—效果评价与改进”流程，关怀的落实是从上往下的，流程周期较长，而且许多需求在实际执行中困难较多，往往会被扼杀在综合策划阶段或推迟到下一个年度策划中，闭环周期较长，满足不了具有时效性的青年员工需求。而“微关怀”通过简化人文关怀流程，建立有效措施库，第一时间响应需求，提倡就地解决需求，解决不了的再逐级上报，统筹解决，固化措施库，为下次的快速响应奠定基础，这样就大大缩短了关怀的实施周期，使得关怀行动简捷快速。

三、“微关怀”需要满足青年员工多层次需求，决定了关怀措施要灵活多样，具有措施多样化的特点

措施多样化是指在“微关怀”实施过程中，其措施可以根据实际情况不同而不同。航天企业涉及领域多、部门多，实际情况差异大，同样的需求因为青年员工群体的不同，所采取的措施也不相同，一个群体的一种需求也可以对应多种的“微关怀”措施。在实施关怀措施时要根据青年员工实际情况而定，比如，对于值夜班员工，有的可以通过领导现场慰问给予关怀，有的可以通过倒休给予关怀，有的可以通过提供食宿等给予关怀，应选择一种或多种让员工满意的方式。

“微关怀”的三个特点不是完全独立、相互割裂的，一个“微关怀”举措可能其中一个特点比较突出，或者同时具有两个、三个特点，在实际实施过程中，需要依据“微关怀”的特点有所侧重。

在我国由航天大国向航天强国迈进的进程中，实施青年员工“微关怀”是以人为本思想的具体体现，既有利于推动航天企业的发展，又有利于促进航天企业青年员工的全面发展。本文通过对青年“微关怀”工作的分析与实践，为航天企业实施人文关怀提供了一个方向。航天企业要结合当前航天形势，重视和加强青年员工的人文关怀工作，通过对青年员工的“微关怀”增强青年员工对企业的认同感和归属感，激发青年员工的内在积极性，促进航天企业健康发展；同时积极为青年员工实现自我价值创造和提供机会，促进青年员工全面发展，实现航天企业发展与青年员工发展的统一。

微爱·筑梦

◎ 510 所团委

团·聚星火

红泉镇位于甘肃省永靖县西部山区，距县城 50 千米，距兰州市区近 200 千米，海拔 2250 米，年平均降水量 187 毫米，年平均气温在 5~9 摄氏度之间，境内沟壑纵横、植被稀少、气候干燥，属甘肃省典型干旱贫困镇之一。自 2012 年起，510 所落实“精准扶贫”工作号召，将红泉镇及周边三个村确定为定点扶贫单位，几年来，累计投入资金 150 余万元，帮助联系村开展基础设施建设、农作物养殖、中药材市场建设等多方面的帮扶。

党有号召，团有行动。510 所团委结合青年职工专业知识扎实、知识面广泛、热心公益活动的特点，将红泉镇中心小学确定为定点帮扶地区，该校是附近三个村子唯一的一所小学，1~6 年级各设一个班级，共有学生 98 人、教师 10 名。学校的孩子们来自附近的三个山村，距离学校好几千米的路程，最近的乘车也要半个小时，而且由于父母大多在外务工，这些孩子多数是留守儿童，从小学一年级开始就过上寄宿制的生活。

2014 年 6 月 27 日，航天 510 所青年志愿服务队正式成立，成立仪式就选择在红泉镇中心小学，并组织开展了志愿服务队在中心小学的首次活动。当志愿者们第一次来到这个偏僻山村，看到孩子们稚气的脸庞和对知识、对外面世界的渴望，大家就决定要以“知识帮扶、爱心帮扶”为主要内容，为孩子们持续送去温暖，帮助他们成长。

团·踏征途

自2015年起，510所团委策划开展了“微爱·筑梦”系列活动，带领志愿服务队的青年多次来到红泉镇中心小学，不仅为孩子们送去了文化、体育、生活用品，还为孩子们组织了多场形式多样、寓教于乐的活动，为山区的孩子们打开了一扇窗，也让航天精神在孩子们心中落地生根。

“‘童’一个梦想”微心愿征集卡

在“微心愿”征集活动中，志愿者组织孩子们在精致的贺卡上认真写下了自己的心愿，并把收集到的93条心愿带回了510所，对不同的心愿进行细化、分类，确定了帮扶的方式及思路，并在全所范围内开展了“微心愿”认领活动。一份份书信、礼物送达红泉镇中心小学，不仅帮助孩子们完成了一个梦，更让孩子们感受了满满的爱意。

在“五彩课堂”主题活动中，志愿者结合山区孩子的特点，反复查找资料，认真备课，将语文、物理、地理、科技、音乐等知识通过“飞屋环游记”“探索游乐园”“书香致远”“驱动能量”“律动童心”等趣味授课的方式分享给孩子们，并通过科学小实验、有奖问答等多种形式调动孩子们上课的热情，精彩的授课极大地调动了孩子们的积极性，也为孩子们带去了全新的体验。

志愿者为孩子们现场讲解航天科普知识

在“书香校园”活动中，志愿者为红泉镇中心小学的孩子们捐赠了书架、图书，每本图书都是志愿者们细心挑选的适合孩子们阅读的书籍，并精心写了赠言，希望能够通过这一本本好书，在他们的理解能力提升、学习能力增强、品格塑造方面起到积极的作用。

在“小小航天梦”趣味活动中，志愿者根据山区孩子的特点，DIY设计了“宇宙速度”“完美对接”“失重体验”等多项活动，孩子们从开始的不敢参与到后来的踊跃互动，再一次拉近了志愿者和孩子们的距离，也为孩子们带去了一份别样的活动体验。

在“神舟十一号”“天宫二号”发射升空后，志愿者们特别邀请了510所的专家为山区的孩子带去了一堂精彩的授课，细心解答了航天员的吃穿住行、有没有外星人等一系列问题，生动的授课方式深受孩子们欢迎。

捐赠的图书及寄语

志愿者带领孩子们畅玩趣味小游戏

温暖相伴，510所志愿者们用自己点点滴滴的关爱温暖着山区孩子的心，在孩子们心里，510所的哥哥、姐姐再也不是经常来了又走的过客，而是他们身边永远可以依靠的力量，遥远神秘的航天故事也开启了他们心中一个个美丽的梦想。

志愿者与山区师生的合影

团·拾趣闻

每一次的志愿服务活动，志愿者们都积极报名、认真准备，一般的行程都会安排当天往返，早上五六点出发，晚上八九点回到兰州。在“五彩课堂”活动中，由于课程内容比较多，在第一天的互动教学结束后，服务队一行 8 人决定在红泉镇住一晚。

红泉镇没有宾馆，在哪里住成了问题。经过简单的沟通，镇政府腾出了几张出差人员空缺的床位，村上的医院腾出几张空缺的病床，这就成了志愿者们的“落脚点”，时值初冬，山上气候十分寒冷，晚上大家插着电褥子、盖了厚厚的棉被才能入睡……

一大早，伴着鸡叫声，志愿者们起床开始“备课”，想要把最好的知识带给孩子们，尤其是“音乐老师”大早起来就开始摆弄吉他，原来在前一天的互动时，他发现孩子们会唱的歌曲早已超过了他准备的《虫儿飞》等儿歌，他低估了孩子们的接受能力，于是，他开始重新挑选更有难度的歌曲，开始反复练习吉他弹奏。

估计孩子们起来了，志愿者们来到学校门口，一看到志愿者，孩子们就沸腾起来了，走到哪里，都有孩子们鞠躬喊“老师好”。一天的培训，志愿者给孩子们带去了多种多样的课程，和他们平时接触到的都不太一样，这极大地激发了孩子们的兴趣。两天的相处，在孩子们心中，510所的志愿者既是老师，更是朋友。在大家要走的时候，孩子们一直送大家到车上，并反复强调，你们早点回来看我们呀！车，渐行渐远，但志愿者和孩子们的心，越靠越近……

“五彩课堂”——志愿者为孩子们讲授航天科普知识

“五彩课堂”——孩子们学习热情高涨

团·传捷报

在志愿服务队的带动下，“互助、有爱、奉献”的志愿精神已经被越来越多的510所职工所崇尚，每次开展活动都有很多职工积极响应，各部门也开始主动谋划，自发组织开展了捐赠图书等活动。未来，510所还将继续以驻村帮扶、定点帮扶为重点，进一步推进帮扶行动。

正如一位志愿者所感悟到的“有句话是这么说的‘有一种快乐你没有经历过，就不知道其中的纯粹。’我想这就是对志愿服务最好的诠释。我想，我们带给孩子们的不仅仅是游戏时的快乐和丰富的知识，更重要的是让他们感觉到这个世界上还有很多人在爱着他们、关注着他们的成长。同时，我们在和孩子们的相处中，也感受着在喧嚣的生活中无法感受到的宁静、质朴、温暖和感动。”在开展志愿服务活动的过程中，青年职工更加明白了付出和奉献的意义。

510所青年志愿服务队持之以恒的工作，给孩子们带去了知识、快乐，“510所的哥哥姐姐”成为了孩子们的“亲人”，在付出的同时，青年志愿者们也收获了满满的感动，在 2015 年度团品决赛的舞台上，510 所青年将志愿帮扶活动以歌舞剧的形式进行展示，收获了阵阵掌声，入选当年“十佳团品”项目，2016 年度再次获评“旗舰项目”。2016 年，510 所志愿服务队被评选为“甘肃省优秀志愿服务组织”，进一步提升了 510 所的美誉度。

团·品真谛

“微爱·筑梦”项目的初衷在于持之以恒地开展志愿服务活动，将航天情送到了西部山区，为孩子们打开一扇扇窗。这项活动贵在坚持，我们不是匆匆的过客，而是孩子们的良师益友，510 所志愿服务队从 2014 年就开展这项活动，坚持数年之久，主要感悟有以下几点。一是要与政府、学校建立良好的沟通，明白他们的需求是什么，只有我们所提供的是对方需要的，才能够得到对方的欢迎。二是要结合青年特点和特长开展这项活动，针对航天青年知识广、思想活的特点，每次活动的策划、设计都充分发挥了本次参加活动的青年的特长，让他们在活动中有参与感、获得感。三是要持续创新活动形式，对于一个长期的活动来说，要“常做常新”就必须要在活动形式、活动内容上有所创新，510 所在开展活动时，注重贴合当前的热点，创新活动的形式和内容，确保让青年和孩子们乐于参与，在寓教于乐中，以润物无声的形式为孩子们带来帮助。

青年全周期常态化服务之“青春纵队”

◎ 513 所团委

团·聚星火

513 所地处烟台高新区，该区属于新兴开发区，周边学校、医院等配套设施不健全，生活不便，与员工的需求存在着较大差距；型号研制和市场开发任务繁重，员工加班成为常态，难以有更多的时间和精力顾及个人问题，单身青年找对象、婚期青年办婚礼、已婚青年照顾老人孩子等均遭遇困难。广大青年在工作和生活上需要更多的关心、关注与关爱。

从现状来看，近年入所的新人多、流动快，面对企业改革转型和走向市场的新要求，青年队伍的成长进程与企业对青年的要求之间还存在较大的距离，广大青年在能力提升、成长成才方面需要更多的支持。2017 年，513 所 35 岁以下青年员工达到 786 人，占全所员工总数的三分之二以上。如何使青年员工健康地成长、幸福地生活、愉快地工作，是 513 所能否稳健发展的关键因素，也是团青工作面临的一个重要课题。

作为党的助手和后备军，513 所团委在建设一流的现代化企业进程中理应发挥更大的作用，更好地服务于企业发展的大局，破解提升企业团组织的战斗力和青年员工的活力的难题，增强青年对企业的归属感和向心力，为共同创造美好的 513 所发展前景而奋斗。

针对青年“三期（入所期、单身期、婚育期）三维（思想、工作、生活）”困难和需求，所团委成立“青春纵队”，梳理服务要素（服务对象、服务平台、服务载体、服务渠道、服务效果），规范服务动作，打造全周期服务长效机制，量身打造全周期的定制化、包络化服务体系。

团·踏征途

所团委联合党委办公室、人力资源处、纪检监察处、工会于2016年年底成立513所“青春纵队”。“青春纵队”就像它的名字那样，队内的工作人员都是35岁以下有着青春活力、干劲十足的青年员工。这支“青春纵队”对青年存在的各种情况进行了一系列的调查，综合大众意见后出具调研报告、形成需求清单和对账单，并动态更新，保证工作闭环。

两训一带三引领

刚走上工作岗位的新员工由于不熟悉工作岗位，所以融入岗位会比较慢，由于接触的工作要求高度的责任心，所以很多人心理压力也比较大，担心自己不能适应新的工作环境，在工作岗位上出现纰漏，同时他们的岗位又需要不断地提升自己。所团委基于这些情况，联合人力资源处与每位新员工达成互帮协议，基本流程就是老带新、轮岗适应不同岗位、定期考核完善业务能力。对于入职多年考虑晋升的青年员工，为他们提供发展通道和帮助。

一会一礼两改进

繁重的工作压力让513所的很多年轻人都或多或少的有着恋爱、择偶、婚恋等问题，所团委的工作重点也是主要针对这几方面，比如经常为增加青年们的相处组织活动，创造更多机会，给青年们举办颇具创意的集体婚礼。所团委建立了“单身贵族”微信群，由委员负责其日常的维护，并与周边高校和企事业单位共同起草了《“缘来是你”青年联谊会活动方案》，按季度举办联谊活动，交友范围涉及烟台六区。“单身贵族”微信群目前已涵盖了所内所有单身青年，共计119名，单身青年们也明确表示会积极参加所团委组织的交友活动。

针对单身离家远、婚事事宜复杂等问题，所团委在以往集体婚礼的基础上，一是增加了青年集体婚礼微信投票的工作，按票数最多的方案进行举办；二是详细了解青年需求，提供定制化的婚礼服务，从婚纱照拍摄、婚纱租定、新娘定妆等方面，所团委都为其提供至少三家备选方案，为繁忙的新人们提供了更大的便利，为他们的美好幸福生活留下浓墨重彩的一笔。住宿和吃饭条件的日益改善更是为所里的青年们创造了更加舒适的生活环境，所内一片其乐融融的景象。

三房两保多层面

孕期及哺乳期的女员工在所内备受关爱，加班后想要休息的员工有舒适的休整环境，孩子放学后统一托管，父母的担忧通过书信传递回馈……这些都是所团委为了让员工更加全身心投入工作而做出的努力。青年员工在 513 所未来发展中起着中流砥柱的作用，只有他们没有后顾之忧地去工作，才能为更多产品的创造、企业的发展提供可能。

团·拾趣闻

一、最忙碌的人

2005 年入所后，苏雷就参与到集体婚礼工作中，再后来他成为团委书记、党委办公室主任，一直都与集体婚礼紧密联系。当被问到哪一届集体婚礼印象最为深刻时，他说起了印象最深的2013年集体婚礼。

每年集体婚礼的日期，是尽量满足所有新人要求挑选的日子，苏雷会和每对新人细心沟通，对新人要拍摄不同场景的要求，他总是不厌其烦地与摄影团队协商，满足每对新人的愿望。当集众人所需制定了一套完美的婚礼外景拍摄方案后，最意料之外的“悲催事”发生了，瓢泼大雨从凌晨降临，一直到黎明时分也没有停的趋势。

十二届集体婚礼全集

苏雷的心提到了嗓子眼，虽然每年都会制定下雨的后备方案，但从来没有执行过，这是第一次。没办法，只能硬着头皮往前走。天未亮他就联系好了后备方案中室内公园的场地，但按照传统习俗，早上舞狮放炮的仪式不能少呀。

早 7 点，按既定地点——513 所航天小区门前，新人、家属、车队、舞龙舞狮、乐队冒着大雨准备就绪，气氛越发热烈，雨却越下越大，原本无难度，实则最有难度的环节开始了——放鞭炮。但骨感的现实是，鞭炮放在地面上，外包装瞬间就被打湿。这时他急中生智，不知从哪借来了防风防雨的打火机，点燃了一挂鞭，马上去点另一挂鞭，最终鞭炮齐响、锣鼓齐鸣，新郎新娘雨中相挽，共同进入了婚姻的殿堂。

十几年来，像这样的突发情况不计其数，面对各种难题，苏雷一直坚持着“竭尽全力做到最好”的原则为新人们服务着，很多问题都会迎刃而解，他虽不是集体婚礼的新郎官，却是最忙碌的那个人。

二、姗姗来迟的新郎

“快！快！快！就等你了！新娘子都准备好了，亲戚朋友也准备好了，就等你了！左拐，左拐……”正在说话的是 513 所的团委书记艾青，而远方大步朝会场奔过来的正是今天整场活动的男主角之一小王。

婚礼现场

新人上场

11:27 了，距离婚礼开始还有 3 分钟！而 30 分钟前，小王还在 513 所为项目忙碌着。在这个并不算热的天气里，小王满头是汗，一半是紧张、一半是着急。是啊！人生大事姗姗来迟的新郎怎么会不紧张、不着急呢？进场前，艾书记拉住了小王，告诉他吸气，并对他说：“放心吧，一切都好好的！”小王终于露出了以往项目成功后才会有的从容不迫的笑容。他推开会场大门，灯光在开门的瞬间亮了，灯光下所有新人的脸上都洋溢着灿烂的微笑，他一眼看见了自己的爱人小田，“等急了吧，对不起！”新娘小田一个灿烂的笑容打消了小王之前所有的顾虑，小王知道眼前这个要和自己并肩一生的人理解自己，他没有选错人。他也知道所里的工作人员已经在他忙碌工作的时候为他安排好了一切，自己的人生大事托付给他们，他的心也放在肚子里了，他要做的就是昂首拉着小田的手走进婚姻的殿堂。

小王和小田是在所团委举办的联谊会上认识的，回忆起相识的场景，两人都表示“工作太忙，根本找不到对象，不过还好是一个单位的，有话聊也能互相理解”。联谊会举办的目的就是为了解决所内年轻人的婚恋问题，所里从介绍对象到安排婚礼都有着完备的方案。

“一句话、一辈子、一生情、一起走”，这句风靡一时的歌词，用在513所“青春纵队”队员们的身上最贴切不过，这里承载了513所青年员工对单位的信赖，这可以让员工们毫无后顾之忧地去奉献。

三、神秘礼物

“这个做得有特色，给新人们留下深刻的印象！”“最主要的是要把咱航天的特点和婚礼结合起来”“别忘了所里的成本也要考虑进去啊……”你一言我一语正在讨论着的是513所“青春纵队”的一帮年轻人，他们在为这次集体婚礼的神秘礼物加班加点地忙碌着。为了让这次活动做出特色，“青春纵队”做了大量调研，广泛征集了来自各方的意见。这段日子，他们忙得起五更睡半夜，好像要结婚的人是他们。团委艾书记常挂在嘴边的一句话是：“要让大家随时感受到咱这个大家庭的温暖，要让他们放心地把一辈子的幸福托付给我们。”

可以送给新人们的礼物有很多，但是既要有特色，又要节省成本，还得让新人们满意，这点可难坏了这些不是做设计出身的人，大家一遍遍地讨论，一遍遍地修改着方案。众口难调！同志们再次拿出攻坚克难的精神，希望这次集体婚礼能伴随这份神秘礼物的“亮相”走向高潮。

项链设计纪实

纪念项链

集体婚礼进行到中间阶段，由每位新人所属部门的领导为他们送上礼物，神秘礼物即将现身。灯光逐渐转暗再亮起，每位新娘脖子上都多了一串精美的银质项链。项链将“513”三个数字做成一个象形的心，又好似两位恩爱的新人相拥在一起，搭配红色永生花球作为点缀，典雅而又庄重。这条灌注着513所“青春纵队”心血的银质项链既寓意新人们百年好合，又象征着513所这个大集体值得所内年轻人托付终身。

佩戴项链环节

繁忙的工作是513所里众多青年工作人员的日常，早出晚归、披星戴月。因为工作，他们时常无暇顾及父母、呵护爱人、教养孩子。他们心里的这些愧疚都被513所的领导看在眼里，他们知道要为这群青年人妥善安排好生活中这些事情，他们才能更加专注于工作，怀着这种信念，“青春纵队”从设立之初到现在永恒不变的宗旨就是——你的幸福，一路有我。

团·传捷报

活动从青年的思想、工作和生活入手，最终达到三方面相辅相成的效果。

一、融入问题全面改善

“三期三维”全周期思想融入、关爱、助力工程的建立，使刚入所的青年自律能力、组织协调能力、语言表达能力等能力得到很大的提高；参加志愿活动，拉近了人与人之间的距离，思想解放，内心充实，激励并引导青年们融入单位生活。

二、工作问题得以解决

“三期三维”全面解决了不同时期青年工作中的担忧和困惑，形成了良性机制，达到了青年之所忧是组织之所想。513 所团委之后会加强网络沟通平台使用，完善基于网络资源与信息共享平台建设，规范管理，形成组织共同的知识财富，更好地为青年服务。

三、生活问题圆满收工

513 所已连续 13 届为 138 对新人举办了集体婚礼，集体婚礼针对单身离家远、婚事事宜复杂等问题，为繁忙的新人们提供了更大的便利，使新人满意、家属满意、领导满意。所党委还与服务团队共同研究措施，必要时提供经费支持，支持费用共计约 30 万元。

经过一系列的探索和实践，我们发现新形势全周期（三期三维）服务青年的效果非常不错。10 多名年轻的“90 后”走上了班组长等重要岗位，9 名 35 岁以下青年成为部门领导，14 名员工晋升副高级以上专业技术职称，在工作中独当一面。

团·品真谛

“三期三维全周期常态化服务‘青春纵队’”品牌建设贯穿于青年思想、工作和生活的始终，以青年为主体，以青年需求为导向，以青年满意程度为标准，通过不断地完善和改进，最大程度地使青年的自我价值得以实现，身心健康发展，不断提升自我、认可自我，513 所团委总结如下三方面经验。

一、“听你心声、想你所想”，迸发青年智慧和力量的火花，是青年服务工作的方向

要真正了解青年内心所想所需，精准服务青年，只靠团干部的力量是不够的，必须集聚广大团员青年的智慧，通过座谈、交流、比赛等形式摸准青年思想脉搏，建立账单，对“症”制定相应方案。以衣食住行需求为根本，通过多项活动增添幸福指数，找准最佳“结合点”，精确服务。

二、“解你疑惑，助你远航”，消除青年工作和生活的症结，是青年服务工作的重点

513 所团委在品牌建设过程中，始终瞄准青年“共奋点”，创新活动载体，丰富活动形式，为入所青年举办“礼仪培训”，为单身青年举办“季度联谊会”，为婚育青年举办“个性集体婚礼”，受到了广大青年的一致好评，解决了青年们在工作和生活上的困扰，提高了青年们的工作生活质量，为青年更好地投入科研生产工作打下了坚实的基础。

三、“纵心合力，一心为你”，多方合作为青年办实事，是青年服务工作的核心

513 所团委在品牌建设过程中，一直积极主动地多向党组织汇报工作，努力争取多部门之间的联合服务，改变过去“单一抓”的老办法，依靠多方力量，为青年解决难题办实事，与人力配合开展青年技术培训，与工会联合与周边学校举办联谊，与党办联手解决青年子女上学难的问题，这些都是多方聚力的结晶，为品牌工作的顺利开展和长效运转创造了良好的氛围，并打下了坚实的基础。

“有团无忧·家居检测”志愿服务活动

◎ 514 所静电事业部团支部

团·聚星火

2015 年，是 514 所静电事业部节能环保检测业务孵化成型的第一年，事业部经过近两年的积极发展，已经具备生活饮用水、室内空气、环境空气、废气、电磁辐射、用电安全、噪声及照度的检测能力，获得中国计量认证（CMA）、中国合格评定国家认可委员会（CNAS）认可、国防科技工业实验室认可委员会（DILAC）认可。与此同时，随着社会大众越来越关注环境问题、健康安居问题，普遍处于生育、购房、家装阶段的五院广大青年职工，对高品质、低价位的家居检测服务也有急迫需求。同时，2015 年也是 514 所志愿服务队成立的第 20 个年头，在开展照顾残障儿童、孤寡老人等志愿服务活动方面具有丰富经验。在 514 所所领导的大力支持下，514 所团委和静电事业部团支部以此为契机，联合开展了“有团无忧·家居检测”志愿服务活动，旨在弘扬雷锋精神，传播志愿服务理念，履行航天青年社会责任，在全院范围内带动营造“传递温暖、互帮互助”的良好氛围。志愿服务活动以 514 所静电事业部化学检测专业技术为支撑，以家居环境中日益严峻的甲醛、甲苯等有害气体和日用电器电磁辐射等安全威胁，固定电源插座、室内照度、噪声、饮用水等多方面的安全隐患为检测对象，为院内有需求的员工开展义务家居环境检测服务，并免费出具检测报告，为每家每户环境健康安全管理和维护改进提供切实有效的建议。

团·踏征途

从2015年到2018年，“有团无忧·家居检测”志愿服务活动已经开展了三期。为了能更好地开展志愿服务，静电事业部团支部成立了以部门全体青年为主体的志愿小分队。每次活动前都会通过514所所网、五院院网、院论坛、集团公司团委微信、院团委微信进行宣传，院内员工通过关注“五院青年之声”（castyouth）或“东方家园环境卫士”（cast514jiance）微信公众号，发送微信，直接报名。同时，514所还在五院一食堂、二食堂正门口设立了咨询台，员工不仅可以现场报名，还可以咨询关于家装污染的各类问题。

微信公众号活动通知

活动采用摇号方式最终产生幸运员工名单，确保公平公正公开。幸运员工名单确定后，青年志愿者与幸运员工进行电话沟通，确定检测项目，预约上门检测时间。经过室内检测，便可得出固定电源插座、室内照度、噪声、电磁辐射、放射性物质氡等检测项目的检测结果，同时采集水样和空气样品（每个样品包含甲醛、苯、甲苯、二甲苯、总挥发性有机物 TVOC、氨）带回实验室进行分析。经过实验分析，得出室内空气和水质 5 项（浊度、色度、pH、氟化物、总硬度）的检测结果。第一期志愿服务活动以五院员工为服务对象；第二期志愿服务活动扩大了范围，将服务对象扩展到了整个集团；第三期志愿服务活动调整了服务形式，集中力量服务型号一线青年员工，成为型号成功的“大后方”。在院团委的大力协助下，514 所静电事业部团支部与总体部、通信卫星事业部、载人航天总体部、航天东方红四家型号总体单位团委达成一致，集中力量为航天重点型号的进场试验队青年开展家居检测志愿服务，并将 514 所新开发的家居产品送到了五院青年的家中。

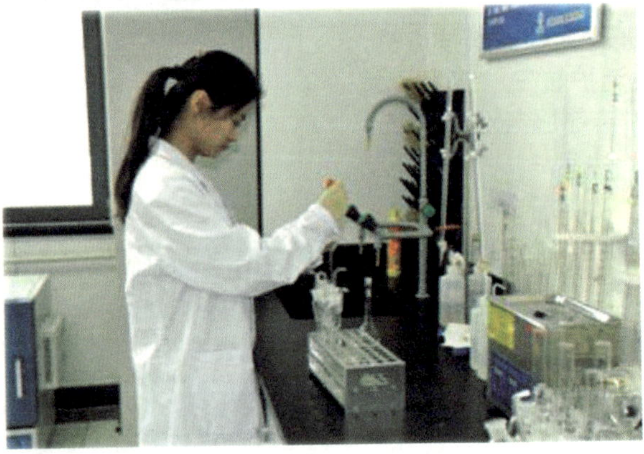

志愿者实验室工作中

志愿服务活动的开展引起了广泛关注，五院《神舟报》记者跟踪拍摄了志愿服务的整个过程，从检测人员在实验室配制空气采样吸收液，到进行室内空气采样，以及在实验室对室内空气进行实验分析。活动开展的同时，记者在五院《神舟报》和院团委微信公众号上发表了《绿色家居公益行——514 所“有团无忧 · 家居检测”志愿服务活动目击记》《检测结果看过来——514 所家居检测结果追踪》等专题报道。

团 · 拾趣闻

2017 年的志愿检测服务活动正好赶上 514 所静电事业部的业务高峰期，静电事业部的检测任务大都是外出检测，实验室就只剩下了文焱和张平平两个 80 后女生。这两个女生，一个是是刚刚毕业的硕士研究生，一个是刚刚从外单位调入所内的新兵，可以说两个人都是不折不扣的新人。这一次需要志愿服务的客户家离单位比较远，所以两个女生一早就到实验室整理检测需要的仪器设备，收拾好后装满了整整五个大箱子。别看是两个文弱的女生，她们将架子和箱子提起来就急匆匆地赶赴服务对象家，由于距离较远，再加上不太顺畅的交通状况，两个人临近中午才到达服务对象的家。

与服务对象确定检测点位并签订检测协议后，经过一番工作，从服务对象家出来已经是下午 2 点多了，赶回到实验室放好仪器已经接近下午 5 点。而甲醛和氨的有效期是 24 个小时，为了保证检测结果准确，这个时候她们想到的不是下班回家，而是要在第一时间将结果测出来。在结束所有实验室的工作从办公大楼走出来后，两个女生抬头看看夜空，星星已经挂满了天，各自道别后匆匆往家的方向赶去……当天已经是她俩为志愿服务活动连续加班的第二周了。

团 · 传捷报

作为集团公司范围内首个将志愿服务与航天技术应用项目相结合的志愿服务活动，“有团无忧 · 家居检测”志愿服务活动为广大航天青年员工解决了生活中迫切需要解决的问题，将航天技术带到了普通百姓的身边。在服务航天一线员工的同时，“有团无忧 · 家居检测”志愿服务活动有效地推动了航天技术应用产品研发与市场推广。三年来，青年员工快速成长，根据活动中积累的经验和受到的启发，在514所的大力引导下，积极开展技术创新和产品研发，开发出了多功能分解盒、天穹1号空气净化器、车载净化器等产品。通过志愿服务活动，借助微信公众号、微信朋友圈等现代互联媒介，结合开展“我为航天科技点赞”“祝福航天科技60年”“我的航天生活微视频”等活动，让514所的家居检测业务和产品得到了更大范围的关注。“有团无忧·家居检测”志愿服务活动使我们的青年成为了航天精神和志愿精神的实践者、航天文化的传播者，每一次志愿服务活动都是一次深刻的社会主义核心价值观的生动课堂。为不耽误科研生产，青年志愿者充分发挥特别能吃苦、特别能战斗的精神，都自觉选择在下班后或周末开展上门检测，毫无怨言、守时高质地完成了每一次检测任务。

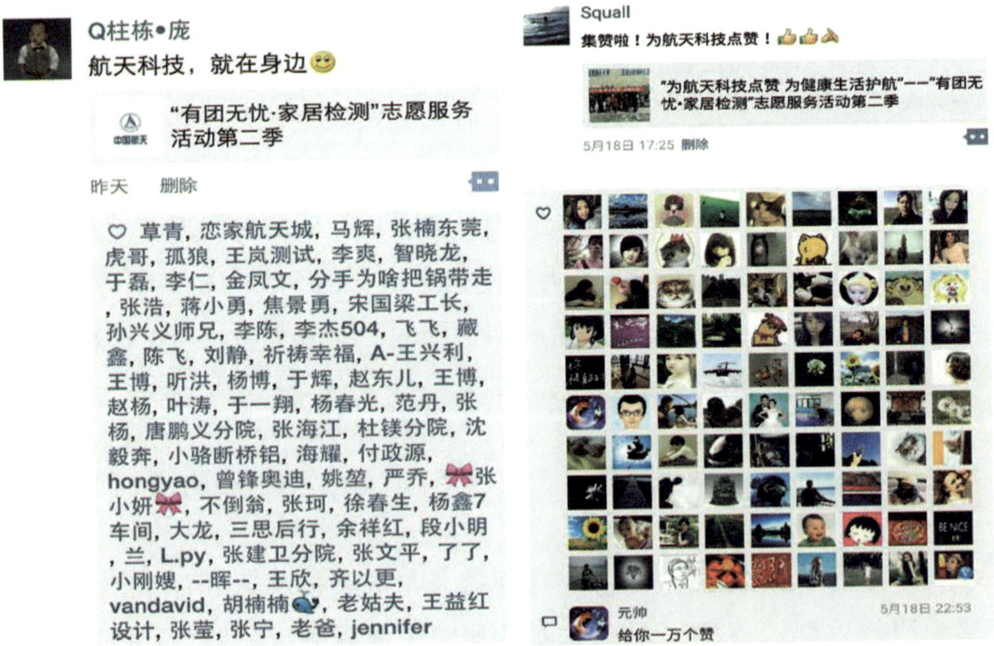

五院员工参与家居检测的网络活动

团·品真谛

截至2019年，514所“有团无忧·家居检测”志愿服务活动已经开展了四年，青年技术人员充分发扬“奉献、友爱”的志愿精神，四季志愿活动累计开展各类检测360多项，派出青年技术人员260余人次，志愿服务时间累计超1700小时。

保型号任务成功，助力航天强国建设。“有团无忧·家居检测”志愿服务活动聚焦青年，针对青年的所需所求，全力帮助青年解决后顾之忧，客观上助力了各型号任务的圆满成功，为我国航天事业的跨越式发展和航天强国建设作出了应有贡献。

融入科研中心，助力业务发展。“有团无忧·家居检测”志愿服务活动结合514所的技术能力特点和业务拓展需求，将航天技术应用产业项目与青年志愿服务活动相结合，推动了514所家居检测业务的快速发展，努力探索出了核心业务发展与志愿服务活动开展的良性互动机制。

搭建活动平台，助力青年成长成才。为更好开展志愿服务活动，514所抽调了各个业务领域中能力突出的青年成立了“青年先锋队”，以志愿服务活动为载体，形成了以老带新的青年培养新模式，搭建了青年展示才干、展示风采的亮丽舞台，打造出了514所志愿服务的闪亮名片。

青春唱响东方红，弧光车队志愿行

◎ 529 厂焊接成形制造中心团支部

团 · 聚星火

529 厂是中国第一颗人造地球卫星——“东方红一号”的诞生地，焊接成形制造中心则是各类卫星和飞船金属结构焊接、成形、装配等技术工作的承担部门。529 厂焊接成形制造中心团支部曾荣获“中央企业五四红旗团支部”“集团公司五四红旗团支部”“五院优秀团支部”“厂五四红旗团支部”等多项荣誉称号。

弧光车队是依托焊接成形制造中心成立的部门一线团队，近十余年来开展了户外骑行、参观红色基地、素质拓展、徒步等多项大型活动，参与活动人数达 500 余人次，骑行里程 2000 余千米。中心现有职工 115 人，其中 35 岁以下青年 85 人，约占职工总数的 74%，青年职工已经成为中心发展和梯队建设中的主要力量。中心借助青年创新与实践活动开展团支部各项工作。在纪念东方红一号卫星发射成功 45 周年之际，中心团支部、弧光车队进一步宣贯“绿色、青春、志愿”的团队理念，加入对航天知识内容的科普，以及航天精神的宣贯，提升航天正能量的影响力，打造一支特色的航天品牌队伍，升华活动的品牌意义、提升队伍的长效影响力。

本团 · 品活动将航天科普志愿服务作为重点工作贯穿到弧光车队骑行活动当中，以“车轮上的志愿”为宗旨，将航天科普志愿活动与青年绿色骑行有机结合，并以此为契机提升弧光车队的影响力和综合价值。

团·踏征途

团支部结合自身特点，提炼了骑行与志愿科普相结合的活动理念，充分利用弧光车队多年的骑行经验，以及中心研制的太空教具进行科普支教。本项目一方面结合东方红一号卫星生产研制的事迹向中小学生进行科普，培养其爱国、爱科学的少年梦想；另一方面是在骑行过程中，宣传绿色出行，宣传航天知识，纪念东方红一号卫星发射45周年，弘扬航天精神，接力弧光精神。

一、周密策划、精心准备

中心团支部对本次团·品项目进行了周密的策划与准备，为确定活动实施对象，对附近30千米内的小学进行筛选，最后确定科普活动的实施小学为海淀区宏丰小学，并与学校商定了活动流程和具体事项。实施对象确定后，为弧光车队招募活动志愿者，志愿者以热爱航天、热爱骑行的青年员工（不仅限于车队队员）为主，成立了活动小分队。

团支部对参加活动的青年进行了分组分工，明确了准备上课材料、航天科普PPT、选拔讲课青年等工作内容；同时，因为是骑行活动，配套的装备必不可少，青年们还精心准备了涉及骑行活动的工具、保护用品。

二、青春集结、航天科普

一切准备就绪，参与活动的青年志愿者齐聚焊接成形制造中心西门。合影留念后，十多名志愿者有序出发，40多分钟后抵达活动地

志愿团队大集结

点——海淀区宏丰小学。

按照预先商定好的流程，志愿服务活动开始了。短短 10 分钟的科普 PPT 将活动推向了第一个高潮，孩子们踊跃发言，有的提问，有的抢答。PPT 结束后便是观看太空授课视频，孩子们一边观看视频一边摆弄着手里的太空教具，一个个小眼神别提多认真。由于环境的不同，试验偏差便显现出来，孩子们争先恐后的提问可忙坏了我们的志愿者，就这样，我们的活动迎来了第二个热潮。最后“小小绘画家”环节，孩子们发挥自己的想象力，将心目中的太空通过画笔展现出来，志愿者在孩子们的自我展示中评选出优秀作品并授予奖状。

在一片欢声笑语中，弧光车队的第一次志愿服务活动圆满结束。一幅幅画卷是孩子们对太空的向往，一次次耐心解答则是志愿者们航天梦的播种，一种青春、一次志愿、骑行科普、播撒航天正能量。

航天志愿科普活动现场

团·拾趣闻

在参加五院团·品项目评选演出时，剧本中共有三个角色，其中有两个是涉及到小学生的扮演，虽然参演的是青年职工，但要把四年级的小学生演得惟妙惟肖还是有一定难度的。既然要模仿，那么就要从多方面入手，无论是讲话语气、走路形态，还是服装衣着等，可毕竟没有人有这方面的表演经验。于是，中心团支部召开了一次特殊的“紧急会议”。有青年提议，上网查找相关的表演教学视频，学习表演形式；还有的青年说，倒不如直接观察生活中孩子的真实状态，艺术来源于生活嘛！于是大家约定三日为期。三日过后，两种不同“派系”的“表演家”就位了，饰演同学 A 的青年一开口便逗得大家哄堂大笑，原来，他学的是话剧的表演形式，使原本活泼、俏皮的台词到他嘴里却变成了诗朗诵！旁白依旧在继续，大家都期待着饰演同学 B 的青年将会有怎样的

参加五院团·品项目汇报演出现场

表现，轮到 B 同学讲台词的时候，模仿孩子的语气还真像那么回事，就是肢体动作太僵硬。当时厂里共有两个项目参与评选，为了帮助大家更好地将团·品项目演绎出色，厂团委特邀了专业的老师，从台词的解析、声调的变化，到细微的肢体动作，如何"掌控"舞台，等等，全方位辅导大家。不仅教会了大家表演技巧，更是帮助大家积累了舞台经验。最终，经过反复排练，演出圆满完成。

团·传捷报

团·品活动就犹如打造一个产品，产品的用户就是青年，所以要建立"以青年为中心"的用户思维。找准共青团活动重点，满足青年所需，服务中心工作。围绕中心青年想要绿色出行但无法坚持、想要开展志愿服务却无平台的诉求，在这样的背景下"青春唱响东方红，弧光车队志愿行"志愿骑行活动应运而生。

一、抓思想

多次召开团支部会议，统一认识，让品牌意识扎根在每一名团支委员的心里，改变了“等、靠”思想，主动出击。

二、抓载体

在项目立项之初，选准品牌活动实施的重点，攻坚克难，整合资源。在公司团委和中心党支部领导的关心下，以弧光车队为载体，切实满足了青年志愿服务骑行的诉求。

三、抓成效

自项目实施以来，除本地小学外，更有中组部子弟、川藏地区小朋友参与到品牌活动中来，参与人次达千人，志愿服务人次达数百人。通过品牌活动，结合东方红一号卫星研制生产的事迹、参观会展展厅等方式，向中小学生进行科普，培养其爱国、爱科学的少年梦想；另一方面在骑行过程中，宣传绿色出行，传递健康正能量，接力弧光精神。

通过三年的实践，焊接成形制造中心团支部收获了项目化运作的成果，整合运用各种社会资源，以团工作社会化、公益化的方法推动品牌工作项目，努力扩大品牌项目工作成效与社会影响，并在服务社会、服务青年的过程中，赢得青年的认同和社会的美誉。

团·品真谛

一、提升团队内在价值

自团·品项目成立以来，焊接成形制造中心团支部通过志愿服务的形式向中小学生科普航天知识，宣传航天精神，并以此为纽带，将孩子们和航天梦紧密联系在一起。以弧光车队为载体，加入志愿服务元素，从一线活动团队向公益化组织靠拢，以“车轮上的志愿”为宗旨，将航天科普志愿活动与青年绿色骑行有机结合，并以此为契机，提升弧光车队的影响力和综合价值。

二、发挥青年的主体作用

以航天教具为基础，通过数十次品牌活动，将品牌理念扎根在每一位志愿服务人员的心中；通过“有趣，有效，有意义”的活动特色，激发团支部青年参与活动的积极性，由“叫我来参与服务”转变到“我要来参与服务”；通过志愿活动中的科普版块，挖掘团支部青年自身潜力，培养青年“敢上台”“勇展示”的活动能力。

三、不断拓展品牌的内涵外延

随着品牌活动影响力的增加，越来越多的青年、特色团组织参与进来，融入了不同形式的志愿服务，如探望青海玉树受灾儿童、超轻粘土航天模型制作教学等等，使得品牌项目活动多样化。

529 厂焊接成形制造中心团支部是一支积极进取、勇于开拓创新、富有战斗力的集体，自“青春唱响东方红，弧光车队志愿行”品牌项目实施三年来，骑行科普近 10 次，服务中小学生 300 余人次，提升了品牌的知名度与美誉度，同时让中心青年受到了航天精神、志愿精神与中心“弧光”精神的洗礼，展现了一线航天青年的良好风采。

瓷·爱天使

◎ 航天恒星科技有限公司信传事业部团支部

团·聚星火

“瓷娃娃”是对成骨不全症患者（脆骨病）的形象称呼，骨质脆弱，无法预知的骨折，是他们挥之不去的噩梦。他们的成长时刻伴着身体的疼痛，这一疾病甚至威胁生命，他们渴望能用脚去丈量世界，他们渴望拥有和正常人一样的生活，却终日只能与轮椅为伴。

生命脆弱，但我们的爱不脆弱。希望我们的生命都可以被温柔以待，我们愿尽我们所能，为被忽视的人服务。航天恒星公司星光志愿服务团队一直关注瓷娃娃罕见病群体，与瓷娃娃罕见病关爱中心合作，共同建立“关爱瓷娃娃公益行动”品牌，通过提供志愿服务、发起爱心捐助、宣传科普知识等方式传递爱心，帮助更多人认识到罕见病群体的存在，呼吁社会更多地关爱罕见病群体，切实地帮助他们更好地独立生活，用航天人特有的热情帮助社会弱势群体。

我们认为，对弱势群体的服务和救助是必要的，但同时应该以全面、发展的眼光看待该群体，因此从公益宣传、爱心助业和无偿捐赠三个方面开展服务。以志愿者陪伴和集中活动等方式，使“瓷娃娃”从全面积极的自我认知开始，与家庭成员共同成长，进行良好的社会融入，最终由被家庭照顾的角色，转变为有自理能力的、独立的、社会性的人。

团·踏征途

“瓷·爱天使”关注瓷娃娃罕见病人群大型公益系列活动主要包括公益宣传、爱心助业和无偿捐赠三个方面的活动。

公益宣传。瓷娃娃罕见病关爱中心将2016年定位为“从不罕见-公益传播年”，信传事业部团支部利用航天恒星内网、企业网和微信平台开设了“瓷娃娃公益专栏”，不定期对相关活动和信息进行宣传报道。同时组织广大志愿者观看《“瓷娃娃”王奕鸥成长记——既然生而不凡，那就很酷地活着》，2005年，精通计算机技术的王奕鸥，创立了名为“玻璃之城”的网站，为大家提供一个交流的平台，后来又创立了“瓷娃娃罕见病关爱中心”，大家从她身上找到了一股向上的能量，更加激发了我们团队去服务这个群体的决心。

2016年瓷娃娃自立生活毕业典礼

爱心助业。年初，积极参与瓷娃娃罕见病关爱中心的自立生活交流培训，陪伴瓷娃娃设立自立目标、参与社会活动、锻炼自立能力。11 月中旬，信传事业部团支部组织青年员工举办自立生活毕业典礼暨毕业作品分享会，共同分享瓷娃娃们 6 个月来的成果与心得。有位病患写道：“我们的生命犹如三月的天，偶尔也会狂风暴雨，最终回归平静，我爱这世界，千变万化的世界，我有许多心愿来不及实现，我想偷走时间，每一刻时间，恨不得每分每秒再慢一点点。”尽管罕见病患者们生来命运多舛，或许他们曾困惑、曾抱怨，但正因为深刻明白生命的短暂，才懂得加倍珍惜当下。

瓷娃娃爱心公益团队

骨骼脆弱，我们的爱不脆弱

毕业典礼上的精彩演出

无偿捐赠。7 月 30 日，信传事业部团支部联合中国福基会瓷娃娃罕见病关爱基金、瓷娃娃罕见病关爱中心，携手 20 位罕见病伙伴举办“从不罕见”共生舞会。在与现场观众、罕见病伙伴的舞蹈中，号召无偿捐助、传递社会温暖。

团 · 拾趣闻

自 2015 年在 798 艺术区开展“同一片天空，我们的爱不脆弱”瓷娃娃大型公益活动以来，航天恒星星光志愿服务团队一直关注瓷娃娃群体，并通过提供志愿服务、发起爱心捐助、宣传科普知识等方式传递爱心，获得了瓷娃娃罕见病关爱中心的高度赞赏，更邀请星光志愿者们参加了由十余位瓷娃娃自编自导自演的自立生活毕业典礼暨毕业作品分享会，共同分享瓷娃娃们 8 个月的自立生活交流培训获得的成果与心得。在瓷娃娃们现场的故事讲述、视频展示和优美歌声中，大家不仅体会到了他们的喜怒哀乐，更为他们乐观向上的积极的人生态度而感动。

“同一片天空，我们的爱不脆弱”瓷娃娃大型公益活动

2016 年 7 月，星光志愿者服务队联合中国福基会瓷娃娃罕见病关爱基金、瓷娃娃罕见病关爱中心，携手 20 位罕见病伙伴组成的“舞团”，在北京龙旗购物中心为公众带来了一场独一无二的舞会表演。

活动现场，航天恒星 10 余位青年志愿者尤为忙碌和亮眼。他们身穿统一的制服，面带微笑，时而组织会务跑前跑后、时而发放传单科普知识、时而化身舞者翩翩起舞。航天青年不仅活跃在科研一线，这里也成为他们点燃激情、展现个性、传递爱心的舞台！

2016 年瓷娃娃共生舞会

团·传捷报

截至目前，星光志愿服务队帮扶了6个家庭，为贫困家庭找到一位爱心人士结成对子，资助额度为每月100~200元不等，主要用于改善受助儿童的生活、教育环境。该项目的特点是长期性，捐助善款由星光志愿者直接发给受助家庭，大大增加了透明度和可信度。

建立“星光”手工坊，通过制作手工产品来为瓷娃娃筹款，举办不定期的手工坊，我们带领这些天使们制作航天模型手工品，用于公益义卖。在制作过程中，我们会讲解每个模型的背景以及为祖国带来的意义。通过这个制作手工工艺品平台，帮助瓷娃娃患者筹集善款的同时，可以让更多人了解到中国航天事业的飞速发展，了解到祖国科技的强大，正所谓科技强国、科技兴国。

共同“呐喊”，为爱发声。由于社会对于瓷娃娃缺乏深入了解，瓷娃娃群体的公众倡导变得非常重要。通过依托五院以及公司的微信平台、官网刊载等多种载体形式，获得公众的广泛关注，其中“骨骼脆弱，我们的爱不脆弱”的阅读量达2万次以上，留言上百条。

团·品真谛

共努力，同帮扶，无限热忱投身公益。信传事业部团支部从2014年伊始便一直密切关注瓷娃娃罕见病这个群体，多次与瓷娃娃罕见病关爱中心合作，共同建立了“关爱瓷娃娃公益行动”品牌，通过提供志愿服务、发起爱心捐助、宣传科普知识等方式传递爱心，帮助更多人认识到罕见病群体的存在，呼吁社会更多地关爱罕见病群体，切实地帮助他们更好地独立生活，用航天人特有的热情帮助社会弱势群体。

送鼓励，助成长，树立人生全新态度。信传事业部团支部开展这些活动的目的，就是让他们得到成长的同时对人生有一个全新的态度，用不平凡的身体来书写灿烂的人生。通过上述活动的开展，在他们学会“自立生活”的同时，也意识到原先认为自己做不到的事情，只是因为不敢做，使得他们一点一点地突破自己，从全面积极的自我认知开始，与家庭成员共同成长，进行良好的社会融入，最终由被家庭照顾的角色，转变为有自理能力、独立的、社会性的人。

送温暖，重宣传，展现航天科技强国。“瓷·爱天使”关注瓷娃娃罕见病人群大型公益系列活动意在为瓷娃娃患者送去温暖，呼吁社会各界来关注和关爱这个群体。我们在开展爱心活动和宣传的同时，也让更多人了解到航天人的爱心和热情，了解到中国航天事业的飞速发展。让我们继续努力，为瓷娃娃事业贡献力量，为祖国的航天事业添砖加瓦。

云 益 万 家

◎ 神舟实业总公司团委

团·聚星火

伴随着智能家居时代的发展，神舟实业总公司作为国防科技工业后勤服务创新联盟成员，立足于服务五院职工，全力打造了“神舟智慧 i 服务云平台”。

神舟实业总公司团委在公司平台建立之初，设立“云益万家”团·品实践创新品牌项目，旨在打造公司团委的品牌服务团队，在平台运行第一年，就明确了“服务职工、惠及家属”的思路，通过“志愿者服务、一对一辅导”的形式，切实打造一支“能战斗、乐奉献、肯吃苦、善攻关”的青年志愿者队伍。

该云平台是公司自主研发的一款多功能社区生活智慧服务平台，为职工、家属提供方便、快捷的社区生活服务。经过公司一年的精心筹备及团委青年团队的大力支持，目前该平台建立了丰富的商家资源，涵盖 i 购物、i 美食、i 健身、i 物业、i 社区五大功能板块。通过青年志愿团队 14 场志愿活动，五院员工已能熟练操作平台线上服务，享受购物、订餐、物业缴费等便捷功能，有效解决了员工及家属生活购物难题。

神舟实业团委通过组建服务团队，抓培训指导注重实效、抓推广宣传形式创新、抓体验线上平台落实，促进“云益万家”服务品牌在青年中入脑、入心、入行，使青年人始终秉承匠心品质，把幸福传递给航天人。

团·踏征途

先期了解技术重点，做到心中有数。在云平台实施初期，公司团委组织青年积极参加平台培训，了解平台功能及实施中的技术关键点，提出想要的功能，避免技术中的部分BUG出现。青年通过学、听、试、问等做法，深刻领会了公司打造平台的重大意义和为五院职工服务的深刻内涵。

在平台落地推广阶段，公司团委邀请了市场部平台管理人员，针对平台下载、手机权限、扫码付款、消费查询等使用问题，向“云益万家”服务团队的15名队员进行了一对一辅导，此次培训大大提高了青年志愿团队的服务能力，为服务五院职工奠定坚实基础。

航天城志愿者推广现场

航天城志愿者推广现场

中期走到职工身边，细致答疑解惑。在平台上线初期，公司团委成立了“云益万家”服务团队，并组织14场线下推广活动，在零下4摄氏度的户外，走到五院职工的身边，讲述平台功能、下载方式、下单收货、物业服务、健身购物等功能的使用方法，手把手为职工传递温暖、答疑解惑。

航天城志愿者推广现场

从航天城、中关村到白石桥，五院职工食堂门前，神舟智慧i服务云平台巡回展销活动现场，五彩引导旗分列通道两旁。活动中，职工们在“云益万家”服务团队人员的指导下，下载APP，登记注册。同时，志愿者团队为职工们演示平台操作功能。通过青年志愿团队的介绍，大家纷纷拿起手机，i美食“在线点餐 火速送达”、i购物“动动手指 好货到家”；在平台展示现场，“云益万家”志愿服务团队给职工们一一演示如何用手机直接扫码，现场操作“扫码支付”带走心仪商品的过程。通过“云益万家”志愿服务团队的悉心讲解，不少职工都对平台APP产生了浓厚兴趣，在平台i美食板块尝试着订食堂美食外卖；在平台的i购物板块中的电商旗舰店下单……切实让青年团员入心，抓推广宣传形式创新。通过青年志愿团队的推广工作，平台点击率和下单率直线上升。

推广志愿者

白石桥志愿推广

后期发放调查问卷，多方推广平台。“云益万家”青年团队还用新媒体 H5 的展示形式推广平台，展示平台内容，创新宣传形式，得到广大职工的认可。在平台实施中，我们经常看到的画面是，在我们周围，大家手拎各种丰收成果，同时航天家属们也感受到这份热情与服务，促进了航天家庭的和谐幸福。

在平台上线前的测试阶段，公司团委邀请市场部为青年职工组织了多场宣贯会，并就平台的功能向青年员工发放了调查问卷，征集到 5 大类 23 条问题，及时反馈给了市场部，并联合开发公司对问题逐一进行修复升级，促进了 i 服务平台的顺利落地。切实让青年团员入行，抓体验线上平台落实。通过青年志愿团队对问题的总结归纳，保证了平台的顺畅运营，促进了平台的顺利发展。

团·拾趣闻

神舟实业团委通过编导《智慧生活 · 云益万家》，展现了“云益万家”青年团队的志愿服务，让更多青年团员感受到了“云益万家”青年团队的力量所在。

演出剧情如下：一名员工突然接到领导通知，马上要去基地出差，此时家中老母亲正在等待下班带回菜和生活必需品的儿子。在情急之下，该员工想到了神舟实业 i 服务平台 APP，便马上给自己的母亲和妻子打电话告知出差事宜，并让家人通过手机直接在神舟实业 i 服务平台的 APP 上购买蔬菜和生活用品。小区楼下不仅有神舟实业 i 服务平台的充值点可以充值 i 币直接下单，还有青年志愿者在楼下的平台服务站吧提供操作服务。家人通过指点来到楼下，通过青年志愿者的耐心帮助，很快就买到了心仪的商品，并且直接快递到家，省去了到超市的繁琐。他们对青年志愿者的服务纷纷点赞，表示小区里有一支“红色服务”队伍，为职工和家属提供了最贴心的服务。

演出剧照

近年来，作为五院服务保障主力军，神舟实业总公司与时俱进，不断创新服务模式，以“神舟智慧 i 服务云平台”为切入点，率先将服务延伸至“互联网+”领域，让五院职工享受到了更高端、更智能的社区服务。为了保证平台的成功上线运行和顺利推广，公司团委组织青年成立的“云益万家”青年志愿团队也在其中起到了不可或缺的作用。青年志愿团队通过培训、体验、推广三个阶段，为五院职工及家属提供了高质、便捷、贴心的生活服务，最大限度地满足了职工对美好生活的需求。

团·传捷报

神舟实业团委在神舟智慧 i 服务云平台即将上线前，组织青年职工对其 APP 的功能进行调查、完善，在平台的内测过程中，“云益万家”青年团队对平台的发展提出了很多好的意见和建议，平台 APP 已经进行多次在线升级，功能越来越完备，用户体验越来越好。在平台运行中，“云益万家”青年团队减轻公司人力运行成本，促使实业青年融入科研保障工作，推动平台正常运行和公司品牌工程的更好发展。

云服务平台是公司改革发展迈出的第一步也是关键的一步，公司团委最大的责任就是保障好平台运营，温暖五院员工的心，“急型号任务所急、想科研人员所想”，为五院职工打造社交平台和沟通的渠道，营造出航天大家的氛围。

自平台上线以来，这群青年人为 14 场推广活动提供了全方位服务，用行动打造着“云益万家”的服务品牌，让上万人次航天人感受到了社区生活足不出户的便利。服务平台后续将不断地升级完善和更新资源，力争最大程度满足职工需求。智慧社区平台只是公司整体业务向智慧保障服务转型升级的探路石，沿着云平台这个服务通道，公司将打造具有航天特色和核心竞争力的智慧保障服务系统，不断实现市场化更高服务目标。

团·品真谛

一、以“学习型”团·品创建活动为载体，激发团员青年新活力

创建学习型团·品是团组织永葆生机和活力的内在要求。公司团委在引领青年团员不断学习新科技、应用新平台上下功夫，

坚持云平台“学习内容系统化、学习形式多样化、学习机制长效化”，将学习贯彻于“云益万家”团队的始终。通过与平台人员不断交流、随时更新、操作掌握等具体方面的学习，不但使青年志愿团队自身得到了学习，也使得五院职工和家属得到了学习。切实把学习软任务变成实操作，用实践督学习、促学习。

二、以“服务型”团·品创建活动为平台，树立服务五院新形象

“云益万家”青年志愿团队是神舟实业团委一个面向五院的重要服务窗口，是直接面向五院职工和家属的公共服务平台，是联系职工生活的重要桥梁和纽带。一线工作人员中团员青年占绝大多数，服务质量直接影响我部的形象。神舟实业团委以深入开展“云益万家”青年志愿实践活动为契机，积极打造服务品牌，在服务期间设立青年服务岗，记录每次推广遇到的问题，后续会编制完成云平台相关业务政策问答和服务指南手册，方便五院职工和家属操作，进一步提升服务效能。同时，也会积极在青年团员中开展“青年服务能手”评选活动，加大宣传力度，引导团员青年向先进典型学习，不断改进工作作风，提高服务质量。

三、以“创新型”团·品创建活动为引领，构建青年工作新高地

“创新是一个民族进步的灵魂，是一个国家兴旺发达的不竭动力。”创新型团队，是共青团作为先进青年组织的内在需求。神舟实业团委通过“云益万家”青年志愿服务活动形式，引导青年树立创新意识，融入工作的每个环节，为工作注入新的生机和活力。推行“三心”服务，接待员工热心，解答问题耐心，办理事

务细心，狠抓服务团队建设，强化服务意识。开展“两进”活动，“服务走进工作区”活动，在各个食堂门口开展推广充值活动，为五院职工提供便捷服务；为职工家属一对一辅导，推行便民利民等服务，帮助他们解决实际困难。带领广大团员青年以更加饱满的热情融入五院保障和神舟实业的中心工作中去。

神舟实业总公司团委始终坚守“智慧生活”理念，秉承“云益万家”航天保障服务宗旨，14 场推广活动，让上万次航天人感受到了我们的用心。